REBOND GÉNÉRATIF
Un voyage créatif pour un monde meilleur

Nathalie Lebas - Martine Faye

International Association for Generative Change

114 Ponderosa Drive

Santa Cruz, CA 95060

USA

E-Mail: info@generative-change.com

Home page: https://generative-change.com/

Copyright ©Nathalie Lebas, Martine Faye, et l'International Association for Generative Change. Imprimé aux États-Unis d'Amérique. Ce livre ou des parties de celui-ci ne peuvent être reproduits sous aucune forme sans l'autorisation de l'éditeur.

I.S.B.N. 978-0-578-89697-7

REBOND GÉNÉRATIF
Un voyage créatif pour un monde meilleur

Nathalie Lebas - Martine Faye

Conception et Illustrations par Antonio Meza
avec le support de Keith Sarver
IAGC

TABLE DES MATIÈRES

Remerciements . . . .
Dédicaces . . . .
Préface **Robert Dilts** . . . .
Préface **Stephen Gilligan** . . . .
INTRODUCTION Nathalie Lebas et Martine Faye 2-5
- Citation Paulo Coelho
- Une aventure humaine à la découverte de soi
- Une période inédite : la pandémie
- L'envie de transmettre ce qui nous a aidées à rebondir dans cette période
- Notre inspiration : le Changement Génératif créé par Robert Dilts et Stephen Gilligan

Chapitre 1 : ÉTAT COACH 7
    ○ Confinement 2, Paris le 31 octobre 2020, peurs, stress, insécurité, incertitude à venir 7-8
- **Citation Marc Aurèle** 8
- **ÉTAT CRASH :** 9
- **Les émotions :** 10-11
- **Citation Yuval Noah Harari** 10
    ○ Mécanismes, conséquences 10
    ○ Descriptif des parties du cerveau humain 10-11
    ○ Les 3 cerveaux : tête, cœur, ventre 11
    ○ Faire de nos émotions une force 11
- **ÉTAT COACH :** 12
    ○ Notre zone d'excellence intérieure 12

TABLE DES MATIÈRES

- o Gérer ses états internes et externes 12
- **La notion de Holon** 13-14
- **Citation William Blake** 14
- **Déconfinement des émotions :** 14-17
    - o Chaos émotionnel 14
    - o Pyramide de Maslow : besoins de sécurité et d'appartenance 14-15
    - o Augmentation des connexions virtuelles 15-17
- **Santé !** 17-20
    - o Stress 17-19
- **Citation** 18
    - o Rebondir, parce que c'est la vie 19
    - o Prendre soin de soi 19
    - o La dopamine 19-20
    - o Retour à soi – plaisir 20
    - o La sérotonine 20
    - o Retour à soi – joie 21
    - o L'endorphine 21
    - o Retour à soi – détente-sérénité-énergie 22
    - o L'ocytocine 22
    - o Retour à soi – estime de soi-confiance 22-23
    - o Respiration 23
    - o Cohérence cardiaque 23-24
- **Accueil, état présent, adaptabilité** 24-25
    - o Retour à soi – instant présent-ralentir 25-26
- **Les essentiels à retenir** 26
- **Poème : « Regarde ce jour » auteur inconnu** 27

Rebond Génératif

TABLE DES MATIÈRES

Chapitre 2 : Poser une intention 29
- **Puissance de l'Intention Générative** 29
- **Citation Carl Gustav Jung** 29
  - o Retour à soi - intention de vie 29-30
- **Citation Steve Jobs** 30
- **Définition de l'intention** 30-32
- **Citation James Redfield** 31
- **5 étapes pour poser une intention :** 32
  - o Protocole 1 Guidance ÉTAT COACH 33-36
  - o Protocole 2 Guidance ÉTAT COACH 36-38
- **Citation Paramahansa Yogananda** 38
  - o Retour à soi - intention pour créer un monde meilleur 39-41
    - Notre expérience pendant le confinement 41-42
- **Citation Nelson Mandela** 42
- **Les essentiels à retenir** 42
- Poème : « Pour un nouveau commencement » John O'Donahue 43

Chapitre 3 : Développer un état génératif : créer un champ de ressources 45
- **Qu'est-ce qu'une ressource ?** 45
- **Gagner en énergie** 45
- **Les 3 connexions positives** 46-47
  - o À son intention 46
  - o À soi, à son centre et son corps 46
  - o Au champ 46
- **Rythme, Résonance, Répétition** 47-48

Rebond Génératif

TABLE DES MATIÈRES

- **Citation Thich Nhat Hanh** 48
  - o Retour à soi - connexion 48-49
- **Les énergies archétypales** 50-51
  - o La force 51
  - o La douceur 51
  - o L'espièglerie 51
- **Le Tétralemme** 52
  - o Schéma du Tétralemme de Stephen Gilligan 52
  - o Protocole 3 Tétralemme et énergies archétypales 52-54
- **Citation Carl Gustav Jung** 54
- **Les essentiels à retenir** 54
- **Poème : « Nous sommes des messagers » Nick LeForce** 55

Chapitre 4 : Passer à l'action 57

- **Citation Marianne Williamson** 57
- **Les stratégies de création d'une réussite durable** 58-61
  - o Maîtriser un état d'esprit optimal 58-59
  - o Créer un futur clair et attirant 59
- **Citation Steve Jobs** 59
  - o Établir un chemin décisif vers l'état désiré 59
  - o Réaliser un alignement interne 59-60
  - o Construire de puissants partenariats 60
- **Proverbe Africain** 60
- **Citation Thich Nhat Hanh** 60
  - o Transformer efficacement les obstacles 60
- **Citation Friedrich Nietzsche** 60
  - o Faire des corrections de caps dynamiques 61

TABLE DES MATIÈRES

- **La stratégie de Disney** 61
  - o Retour à soi - rêveur 62
  - o Retour à soi - réaliste 62
  - o Retour à soi - critique 62-63
- **Le storyboard** 63-66
  - o Schéma du storyboard de Robert Dilts 64-65
- **Les niveaux logiques :** 66-68
  - o Pyramide des niveaux logiques de Robert Dilts 66
  - o Environnement 66
  - o Comportement 67
  - o Capacité 67
  - o Croyances et valeurs 67
  - o Identité 67
  - o Raison d'être 67
  - o Retour à soi - alignement personnel 68
- **La visualisation** 69-70
  - o Protocole 4 La visualisation 71-72
- **La ligne du temps** 73
  - o Retour à soi - passer à l'action avec la ligne du temps 73
  - o Protocole 5 La ligne du temps 74-76
- **Citation Bernard Tapie** 76
- **Les essentiels à retenir** 76
- **Poème : « Regarde au-delà de toi » Nick LeForce** 77

TABLE DES MATIÈRES

Chapitre 5 : Transformer les obstacles 79
- Citation de Sénèque 79
- Qu'est-ce qu'un obstacle ? 79
- L'importance de la résilience 80
- Citation Boris Cyrulnik 80
- Comprendre nos croyances 80-81
    - o Qu'est-ce qu'une croyance ? 81
    - o Qu'est-ce qu'une croyance limitante ? 81-82
    - o Schéma du Pont de croyances 82
    - o Protocole 6 Le pont de croyances 83-84
- Les 4 mantras du Dr Milton Erickson 84-85
- L'accueil 85-86
- Citation Albert Einstein 85
- Citation Paul Émile Victor 86
    - o Protocole 7 Le chemin de certitudes 86-87
- La Programmation-Neuro-Linguistique 88-89
    - o Les filtres : de perception, neurologiques, socioculturels, individuels et personnels 88
    - o Mécanismes linguistiques du Méta-Modèle de la Programmation-Neuro-Linguistique 89
- Poème Lau Tseu : "Observez vos pensées" 90
    - o Protocole 8 Pause-ralentir-respirer-se centrer 91-92
    - o Protocole 9 Générer une seconde peau 93-94
- Les positions perceptuelles 94-95
    - o Schéma des positions perceptuelles 94
    - o Protocole 10 Les positions perceptuelles 95-96
- La puissance de la gratitude 96

TABLE DES MATIÈRES

- Citation Boris Cyrulnik 96
- Les essentiels à retenir 96
- Poème : « La Maison d'hôtes » Rumi 97

Chapitre 6 : Des pratiques pour approfondir les changements . . . 99
- L'importance d'une pratique quotidienne 99
- Pratique quotidienne de 45 minutes 99-100
- Journal de bord 100
- Pratiques génératives 100
- Connexion à la nature et à nos ressources 100
- Pleine conscience 100-101
- Retraite 101
- Développement personnel 101
- Mentors et enseignants 101
- Vœux et engagements 101
- Gratitude 102
- Ralentir le rythme 102
- Citation de Noëlle Philippe 102
- Les essentiels à retenir 102
- Poème : « Parler à partir du cœur » Nick LeForce 103

Chapitre 7 : Conclusion 105
- Le voyage du héros, un éveil à soi-même 105
- Citation Bouddha 105
- Poème : « Ne te rendors pas » Rumi 107

TABLE DES MATIÈRES

- **Nuage de mots** 108-109
- **Bibliographie** 110-111
- **À propos des auteurs – Biographies de Nathalie Lebas et Martine Faye** 112-113
- **Antonio Meza** 114

Rebond Génératif

Remerciements

Nous souhaitons remercier nos mentors Robert Dilts et Stephen Gilligan, qui nous ont éveillées au Changement Génératif pour créer un monde meilleur.

Nous aspirons toutes les deux, à développer et partager le Changement Génératif dans le monde.

Robert, une infinie reconnaissance pour tout ce que tu m'as enseigné, ce que j'ai vécu à tes côtés, de la PNL à NLP University à Santa Cruz en Californie, en passant par Success Factor Modeling, la facilitation Générative, le Leadership Conscient et Résilient, le Coaching Génératif et le Coaching de Santé ; pour tout ce que j'ai appris et découvert grâce à toi et durant toutes ces années. Une rencontre pour moi inestimable qui m'a permis de contribuer à créer un monde meilleur, de m'épanouir au travers de ma contribution et surtout d'être la personne que j'avais envie d'être.

—Nathalie

Steve, j'ai tellement de gratitude pour tout ton enseignement qui m'a permis de grandir, d'évoluer et de trouver mon identité profonde. Merci pour ton soutien en toute circonstance et de la belle personne que tu es. Tu m'as fait découvrir ce monde d'infinies possibilités : la Transe Générative, (Hypnose Ericksonienne), le Changement Génératif, Creative Mind, la présence et la résonnance à moi-même et aux autres, et la connexion à quelque-chose de plus grand.

Thank you for having seen me.

I will expand Generative Change work, Generative NLP, Somatic Movement, and I will pass it on to the future generations.

—Nathalie

J'ai su que j'étais au bon endroit, dès que je me suis trouvée face à Stephen Gilligan pour l'enseignement de la Transe Générative, (Hypnose Ericksonienne), de la facilitation Générative et du Coaching Génératif. J'ai beaucoup d'admiration et de gratitude pour son enseignement que j'ai reçu avec passion et qui a transformé ma vie. Chaque jour, le Changement Génératif m'accompagne et me fait découvrir les infinies possibilités dont chacun dispose et bien plus encore !

Merci Steve de m'avoir donné l'envie de partager et de transmettre.

—Martine

J'avais un rêve : découvrir la Programmation-Neuro-Linguistique, pour poursuivre mon évolution personnelle.

Intuitivement, j'avais entrevu la puissance de cet outil à travers les écrits de Robert Dilts.

J'ai eu la chance de recevoir l'enseignement du Changement Génératif et du Coaching de Santé par Robert Dilts et je lui suis profondément reconnaissante pour la transmission de ses démonstrations résonnantes et ses partages d'expériences enrichissants.

Depuis, le Changement Génératif s'est installé dans ma vie.

Je remercie chaleureusement Robert Dilts qui m'a fait découvrir l'intérêt et la pertinence de la PNL qui est devenue une réalité de chaque jour dans ma vie de femme et de Coach.

—Martine

Robert Dilts est l'un des principaux développeurs, auteurs, formateurs, coach et consultant dans le domaine de la PNL (Programmation-Neuro-Linguistique) depuis sa création en 1975 par John Grinder et Richard Bandler. Étudiant à NLPU, Robert a également étudié avec Milton H. Erickson M.D et Gregory Bateson. De renommée internationale, il dirige maintenant l'université et a développé les applications de la PNL aux domaines de l'éducation, de la créativité, de la santé, du leadership et du business. Robert a également développé des techniques essentielles et des stratégies dans le changement des systèmes de croyance, son modèle des niveaux logiques est mondialement connu et la modélisation de génies tels que Walt Disney, De Vinci, Mozart, Einstein…et aussi d'autres personnalités dans le monde des affaires ont permis d'engendrer des changements au sein des organisations. Robert a reçu un *Lifetime Achievement Award* à la conférence internationale de PNL en 2018 pour son rôle dans le maintien et le développement de la PNL. Il enseigne aujourd'hui une PNL Générative et systémique qui s'adressent autant aux individus qu'aux entreprises.

Il est l'auteur de plus de 28 ouvrages sur de nombreux sujets dont *Sleight of Mouth, Changing Belief Systems with NLP* ou *Beliefs: Pathways to Health and Well-Being* (avec Tim Hallbom et Suzi Smith). Il est également co-auteur de *NLP, Volume 1*, écrit en collaboration avec Richard Bandler, John Grinder et Judith Delozier et de l'*Encyclopédie de la PNL* (2 volumes) avec Judith Delozier. Ses derniers ouvrages les plus récents sont : *Le Coaching Génératif* en 4 volumes co-écrits avec Stephen Gilligan.

Stephen Gilligan est docteur en Psychologie en Californie, à San Diego (Encinitas). Il a fait partie des premiers étudiants en PNL de l'Université de Californie, à Santa Cruz. Milton Erickson et Gregory Bateson furent ses mentors. Après son Doctorat en psychologie à l'Université de Stanford, il est devenu l'un des premiers praticiens et enseignants en hypnose Ericksonienne, et a développé la Transe Générative. Il a enseigné cette discipline à travers le monde dans différentes cultures et dans plusieurs pays au cours des 45 dernières années.

En 2004, il s'est vu décerner une rare distinction du *Lifetime Achievement Award* par la Fondation Milton Erickson en récompense de ses nombreuses contributions. Il est, avec Robert Dilts, le co-fondateur de l'Association Internationale pour le Changement Génératif (IAGC). Ses derniers travaux et développements concernent « Creative Mind ». Il s'agit de voir la vie comme une évolution créative de la conscience à travers de multiples niveaux : l'Esprit, la Nature, et les trois niveaux de l'intelligence (Collective, Individuelle et Intégrale).

Il a publié de nombreux ouvrages de référence dont : *Le Voyage du Héros : un éveil à soi-même* (co-écrit avec Robert Dilts), les classiques *Transe thérapeutique*, *Le courage d'aimer*, *L'héritage d'Erickson*, *Marcher dans deux mondes* (avec D. Simon). *La Transe Générative, ou l'expérience du Flow Créatif*. Ses derniers ouvrages les plus récents sont : Le *Coaching Génératif* en 4 volumes co-écrits avec Robert Dilts et *Creative Mind* qui seront très prochainement en vente !

Nous souhaitons également remercier **Antonio Meza** pour ses illustrations Génératives qui donnent vie à nos chapitres et ses conseils précieux dans l'écriture de ce livre. Son talent créatif nous a beaucoup touchées et accompagnées tout au long de cette aventure.

Nous remercions **Nick LeForce**, un poète transformationnel Américain (Californie), qui crée « un monde dans lequel nous voyons et faisons ressortir le meilleur des uns et des autres. » Sa poésie est à la fois profonde, subtile, créative, touchante, et d'une richesse émotionnelle authentique.

Et enfin, nous souhaitons remercier chaleureusement Mélanie Verola, Hélène De Freitas, Christine Génotal, Frédéric Dunand, nos premiers relecteurs pour leurs retours encourageants et constructifs.

"Be the change you want to see in the world."
« Soyez le changement que vous voulez voir dans le monde. »
—Mahatma Gandhi

Dédicaces

Je dédie ce livre à ma maman, Christiane Lebas qui rêvait de publier son livre, à mes filles Victoria et Jade, et à mon frère Éric Lebas. Que le Changement Génératif vous permette d'être la personne que vous avez envie d'être, de vivre la vie que vous avez envie de vivre et de créer un monde meilleur.

–Nathalie Lebas

Je dédie ce livre à ma petite fille Chloé pour que le Changement Génératif lui offre une belle vie, ainsi qu'à mon fils Sébastien et Jenny ma belle-fille, à mes parents, toute ma famille, et bien-sûr mes amis qui m'ont soutenue dans cette extraordinaire aventure et plus particulièrement à Pascal, mon mari, pour son soutien quotidien indéfectible. Que le Changement Génératif soit un cadeau pour vivre ce dont vous rêvez et bien plus encore !

–Martine Faye

Préface de Robert Dilts

Rebond Génératif : Un voyage créatif pour un monde meilleur de Nathalie Lebas et de Martine Faye est un livre sur l'importance de la résilience et comment la développer en appliquant les principes et pratiques du Changement Génératif. S'appuyant sur leur propre expérience lors de la pandémie mondiale de 2020-2021, Nathalie et Martine apportent des suggestions et des conseils pratiques pour atteindre et renforcer de manière créative la capacité de rebondir face à l'adversité, tant sur le plan personnel que professionnel.

La résilience est la capacité de résister ou de se remettre rapidement de conditions difficiles et de maintenir un sentiment d'équilibre. Comme le soulignent Nathalie et Martine, en période d'incertitude et d'adversité, de nombreux défis se présentent, tels que la peur de l'inconnu et de ce qui ne nous est pas familier, faire face à ce que l'on perd et au sentiment habituel de vulnérabilité. Celles-ci peuvent nous mettre dans un état intérieur caractérisé par plusieurs qualités clés appelées CRASH dans le Changement Génératif : Contracté, Réactif, Analyse paralysante, Séparé et Hostile. Rester bloqué dans cet état peut nous plonger dans des stratégies de survie inutiles – attaque, fuite ou rigidité (combat, fuite, le fait d'être figé) – et peut entraîner une certaine forme de régression, d'inertie, d'ambivalence, de confusion ou de conflit.

Martine et Nathalie montrent clairement comment, pour progresser à travers des périodes de défis et de changements intenses, il est important de cultiver les compétences du Changement Génératif. Génératif signifie créer quelque chose de nouveau. Un Changement Génératif est nécessaire lorsque nos anciennes méthodes pour atteindre des objectifs cruciaux sont obsolètes ou ne sont plus efficaces. Dans de tels cas, nous devons faire quelque chose de nouveau et de différent dans un contexte d'incertitude. Cela requiert plusieurs compétences et capacités clés. Celles-ci incluent la maîtrise de notre « jeu intérieur », le développement de la flexibilité, la capacité d'équilibrer « rêveur » avec « réaliste » et la capacité de se connecter avec des ressources plus grandes que nous.

L'un des enseignements clés du travail de Changement Génératif est de transformer les obstacles en ressources. Dans Rebond Génératif, Nathalie et Martine partagent comment elles ont appliqué les six étapes fondamentales du Changement Génératif pour rencontrer et transformer les nombreux défis et obstacles auxquels elles ont été confrontées au cours des différentes étapes de l'évolution de la crise COVID. Elles présentent également un certain nombre d'outils et de protocoles clés tels que le fait de poser des intentions positives, d'accéder aux énergies archétypales, d'aligner les niveaux de changement et de travailler avec les émotions et les croyances. Martine et Nathalie décrivent les étapes et les méthodes de manière à ce que les lecteurs apprennent par eux-mêmes les processus et les pratiques qui aident à développer des ressources intérieures et à créer de nouvelles voies vers un avenir meilleur.

En partageant comment elles ont appliqué les méthodes et les outils du Changement Génératif dans leur cheminement à travers la pandémie, Nathalie et Martine montrent aux lecteurs qu'il est vraiment possible de rebondir après les difficultés et de créer un monde meilleur. Lorsque Stephen et moi avons commencé à développer les programmes de Changement Génératif, nous avions une vision d'un avenir dans lequel les personnes formées au travail de Changement Génératif développeraient et diffuseraient des applications significatives des principes et processus qu'elles avaient appris. Ce livre de Nathalie et Martine est une manifestation importante et la bienvenue dans notre vision.

Robert Dilts

Co-fondateur, Association Internationale pour le Changement Génératif

Paris – juin 2022

Préface de Stephen Gilligan

Dans l'art martial japonais de l'*aïkido*, que j'ai pratiqué pendant de nombreuses années, il y a un dicton qui dit qu'on s'entraîne pour transformer la peur de tomber en joie de voler. Nous perdons pied et sommes projetés à terre, et nous apprenons à nous relâcher dans un roulement agréable qui nous amène à un état de préparation créative encore meilleur. Cette idée de résilience, de rebondir après des crises déstabilisantes, est au cœur de ce magnifique livre de Nathalie Lebas et de Martine Faye. Elles nous enseignent que la clé d'une vie heureuse et réussie est d'apprendre les compétences nécessaires pour s'engager de manière créative à chaque moment de la vie - le bon et le mauvais, de manière égale.

Elles proposent un sens exceptionnel sur comment développer un changement durable de façon créative, en portant une attention particulière aux détails. Elles parlent de trois manières différentes d'utiliser un état de performance créatif. Le premier concerne la pratique quotidienne de développer des états positifs pour augmenter le bien-être et les performances créatives, et aussi de s'entraîner pour que cet état positif soit disponible en toute circonstance. Elles se concentrent ensuite sur la façon d'accéder à cet état créatif en situation de stress, précisément aux moments où nous en avons le plus besoin. Des conseils sont par la suite donnés sur la manière d'utiliser l'état créatif pour transformer des défis difficiles en succès positifs.

J'ai travaillé avec des clients (en tant que psychothérapeute et coach) pendant plus de 45 ans et j'ai appris que nous grandissons le plus au moment de nos crises de vie. Nous avons tous la facilité de dire tout un tas de choses, mais la plupart d'entre nous n'apportons des changements majeurs que lorsque nous y sommes obligés ! Nous faisons l'expérience de défis dans notre santé, notre vie professionnelle ou nos relations personnelles, et nos anciennes façons d'y faire face ne fonctionnent plus. Ce que nous faisons dans ces moments-là est ce qui détermine le plus la qualité de nos vies. Si nous nous effondrons dans des schémas rigides de fuite, de combat, du fait de se figer ou de se replier sur soi-même, nos problèmes alors nous dominent et nous vainquent. Si au lieu de cela, nous les utilisons pour passer à des états de réponse créatifs, les crises inévitables deviennent les passerelles vers une transformation positive.

Nous vivons à une époque de changements sans précédents, où la plupart des anciennes institutions et traditions conventionnelles se sont fissurées. Les réponses qui leur sont faites sont très claires : soit nous nous enfermons et répondons avec rigidité, colère et négativité ; ou bien nous faisons partie du développement d'une prochaine génération de développement créatif. Nous ne pouvons pas revenir en arrière, mais nous pouvons aller de l'avant vers un avenir meilleur. Dans des moments comme celui-ci, des livres comme celui-là, sont vraiment les bienvenus. Lisez-le et profitez, comme moi, de la sagesse et de l'excellence créative de Nathalie Lebas et de Martine Faye.

Stephen Gilligan, Ph.D.

Co-fondateur, Association Internationale pour le Changement Génératif

Encinitas, Californie, 14 juin 2022

Introduction

L'alchimie des rencontres est un mystère et « *Rien dans ce monde n'arrive par hasard.* » –Paulo Coelho.

L'amitié qui nous relie nous a transportées vers une expérience incroyable, que nous avons envie de vous livrer. En toute simplicité, nous souhaitons transmettre ce qui nous a permis de vivre cette période inédite de pandémie. Nous avons partagé une aventure humaine à la découverte de soi, des autres, où la pratique du « Changement Génératif » nous a aidées à nous soutenir dans chacune des épreuves que nous avons traversées.

Depuis mars 2020, et depuis le début du confinement, et encore à aujourd'hui, nous avons mis en place naturellement un rituel quotidien pour nous accompagner mutuellement, professionnellement, personnellement et avancer dans cette période inimaginable.

Nous avons alors expérimenté et modélisé tout ce que nous mettions en place ensemble pour faire face aux défis de notre vie.

En une semaine de temps, toutes les entreprises ont fait face à un arrêt de leur activité de façon brutale et à une perte économique importante. Pour notre part, 80 % de notre chiffre d'affaires prévu pour l'année 2020 s'est envolé en un instant et il nous a fallu, comme tous, nous adapter, trouver la flexibilité, l'innovation à tous niveaux (stratégique, organisationnel, commercial, marketing et opérationnel) pour mieux rebondir.

Au niveau personnel, certaines personnes ont été confrontées à des turbulences inhumaines. Nous avons nous-mêmes été envahies par un chaos émotionnel, chacune au rythme des événements personnels imprévus. La perte d'êtres chers, en lien avec la Covid-19 et l'hospitalisation d'un proche dans des conditions imposées par cette crise sanitaire.

Préserver notre intimité est essentiel ; nous tenons à préciser aux lecteurs que la pudeur qui nous unit nous conduira à ne citer que les exemples de vie personnelle qui n'auront qu'une seule vocation : aider le lecteur à faire le lien, se retrouver dans des situations analogues qu'il aurait pu vivre, et ainsi comprendre l'utilité des outils que nous lui proposons. C'est la raison pour laquelle nous relaterons uniquement nos émotions ressenties.

Chaque jour, incarner tout ce que nous avons appris au travers de cette approche générative, et de ce rituel quotidien nous a grandement aidées. Notre connexion à la nature a pris une place prépondérante durant cette période. Au printemps, le soleil pointait son nez, on entendait les oiseaux gazouiller, la nature se réveiller. Nous avons renforcé notre focus sur l'instant présent. Tout ce qui nous entourait avait alors sa place. Nous ralentissions notre rythme intérieur par la respiration qui nous procurait un apaisement, nous éloignait de nos pensées et nous reconnectait à notre corps. Le temps s'était ralenti, tout était figé à l'extérieur comme à l'intérieur. Comme un arrêt sur image.

Cela nous a permis de positiver, de sourire, de prendre de la hauteur, de créer de l'espace pour accéder à des ressources auxquelles nous n'aurions jamais eu accès pour se soutenir : aider, partager, continuer à vivre et à avancer. Cela nous a donné la force, l'énergie positive, comme si nous étions guidées par notre corps (notre intelligence somatique), comme si notre corps avait pris les rênes pour réussir professionnellement, pour continuer à accompagner nos clients, tout en prenant encore plus soin de soi.

C'est de là, qu'est venu le mot « Rebond ».

L'image d'une balle qui rebondit, et qui est propulsée vers le haut, après avoir heurté un obstacle ou touché terre, parle d'elle-même. C'est reprendre de la vigueur après une période difficile. Rebondir, c'est le mouvement d'un corps qui rebondit et s'exprime, s'ouvre à l'inconnu pour continuer à exister et transformer l'obstacle en ressource positive.

Cette crise sanitaire nous a permis de prendre conscience de nos 40 années cumulées d'expériences, d'accompagnements, de coaching, de formations, de compétences, de connaissances, de ressources, qui, comme une évidence, ont renforcé notre volonté d'aider et de communiquer pour éveiller les consciences.

Nous avons alors décidé d'écrire ce livre pour partager notre expérience afin que chacun puisse s'approprier des outils, des moyens, des méthodes ou des ressources pour mieux rebondir et renforcer sa propre résilience. C'est l'histoire de toute une vie, pour ceux qui veulent se donner les moyens de rebondir : trouver son identité, être la personne qu'on a envie d'être professionnellement comme personnellement. Carl Jung disait : « *The first half of life is devoted to forming a healthy ego, the second half is going inward and letting go of it.* » L'idée principale de cette citation, c'est que nous passons la première partie de notre vie à vivre la vie de quelqu'un d'autre et la seconde à vivre enfin la nôtre.

Nous avons envie de vous offrir comme un cadeau du cœur ce guide pratique, pour vous transmettre avec générosité, notre passion.

Notre inspiration a émergé du Changement Génératif créé par Robert Dilts et Stephen Gilligan, qui nous ont formées et que nous avons accompagnés, assistés et suivis depuis de nombreuses années. Nous abordons plus spécifiquement les six étapes du « Coaching Génératif » comme fil conducteur pour notre livre. Le Coaching Génératif est issu de l'enseignement et du développement de la Programmation-Neuro-Linguistique de Robert Dilts, associé à la « Transe Générative », plus communément connue en France sous le nom « D'Hypnose Ericksonienne », enseignée et développée par le Dr Stephen Gilligan.

Selon Robert Dilts, la Programmation-Neuro-Linguistique (PNL) décrit : "comment les interactions entre la pensée (Neuro) et le langage (Linguistique) organisent le fonctionnement de notre corps et de nos comportements (Programmation) et les résultats que nous obtenons." C'est un ensemble d'outils, de techniques, de stratégies et de modèles puissants qui peuvent être utilisés pour définir et atteindre des états désirés en identifiant les ressources appropriées. C'est une école de pensée pragmatique qui concerne les divers aspects du fonctionnement et du développement humain, qui s'applique dans une grande variété de domaines : les affaires, le leadership, la créativité, l'éducation, la santé et en développement personnel.

Le Changement Génératif est très peu connu en France. Il vient des États-Unis et notamment de la Californie. La générativité veut dire générer, créer quelque chose de nouveau qui n'a jamais existé auparavant, en utilisant des processus très créatifs.

C'est en quelque sorte, développer sa résilience pour faire face à tous les obstacles que l'on peut rencontrer afin d'atteindre ses objectifs, avec le bon état d'esprit, qui produira les bonnes actions qui favoriseront le résultat attendu.

Alors, vous vous direz peut-être : « *Encore un concept Californien des années 70 !* », comme le dit souvent Stephen Gilligan : « *Cheveux longs, chemises à fleurs, sex, drugs, and Rock'n'Roll* ». Absolument pas ! Ou oui, peut-être, mais tellement utile dans notre quotidien !

Car oui, osons rêver grand et sans limites !

Rêver Grand, « Dream big » est ce qui nous a toujours guidées dans notre vie et nous a permis de réussir. C'est aussi ce que nous voulons transmettre au travers de cette écriture, pour que chacun puisse se donner les moyens d'ouvrir le champ des possibles dans ces infinies possibilités et devenir le Héros ou l'Héroïne de son existence.

Chapitre 1

ÉTAT COACH

Vivre l'instant présent, se centrer et revenir à soi.

Confinement 2, Paris le 31 octobre 2020.

Comment rebondir génératirvement dans cette crise sanitaire mondiale de 2020 ?

Qui aurait pu imaginer un tel bouleversement de nos vies professionnelles, personnelles, familiales et amicales ; d'un point de vue politique, économique, sanitaire, sociétal, psychologique, physique, et cela à tous les niveaux.

Nous sommes tous touchés par ce virus Covid-19, invisible et imprévisible, qui nous empêche de circuler, qui modifie nos façons de gérer nos entreprises, de prospérer, de travailler, d'étudier, d'avoir des loisirs, de pratiquer du sport, de partir en vacances, de voyager, de voir nos familles et nos amis, de vivre, tout simplement.

Cette crise sanitaire est devenue une entrave à notre liberté individuelle et collective qui nous empêche de nous projeter dans le futur.

En tant que coach, formatrices et consultantes, nous constatons quotidiennement la vulnérabilité de nos clients, des dirigeants d'entreprise, de nos amis, de nos familles et de nous-mêmes. Grâce à nos expériences, nos compétences, nos formations, nous souhaitons avec humilité partager notre vision et vous apporter des prémisses de solutions pour vous soutenir dans cette période inédite, et surtout bien au-delà.

Ces solutions sont issues des pratiques de Changement Génératif créées par Robert Dilts et Stephen Gilligan que nous expérimentons, pratiquons chaque jour et davantage dans l'instant présent.

C'est ce qui nous permet d'espérer, de rêver, d'imaginer un futur différent et optimiste, et de créer un monde meilleur. Nous vous proposons d'explorer comment rebondir avec une méthodologie créative, unique et nouvelle en France.

À la suite des décisions gouvernementales, chaque personne réagit en fonction de ses propres filtres, de ses croyances, de ses intérêts, de sa situation familiale et de son modèle du monde.

Dans ces moments de stress de l'annonce du confinement, chacun d'entre nous a vécu une vague d'émotions différentes : de la sidération, du déni, de l'anxiété, de la peur, de la colère, de l'injustice, de l'apathie, du repli sur soi. De nombreux traumatismes psychologiques ont été vécus lors du déconfinement et au retour en entreprise. Le 2ème confinement et ceux qui ont suivis, ont renforcé les fragilités et ont pu nous faire vivre un traumatisme cumulatif. A ce propos, un de nos clients nous a dit : « Après le 1er confinement, j'ai déjà eu du mal à récupérer l'état d'esprit et le mental de mes commerciaux, je n'imagine pas ce que cela sera à l'issue de cette crise sanitaire ! ». En effet, après une situation non désirée et difficile à vivre, les émotions ne s'évacuent pas en une fraction de seconde et dans ce moment-là, beaucoup de personnes souhaitent faire « comme avant », revenir à « l'état d'avant ». Ce qui semble illusoire. Car, nous ne pouvons pas agir sur ce qui ne dépend pas de nous. Timothy Gallwey l'évoque très bien dans son livre « Le jeu intérieur ». Nous pouvons changer uniquement ce qui nous appartient, notre état interne, la gestion de nos émotions, l'état dans lequel nous sommes au moment où nous vivons la situation. Et notre état interne conditionne fortement tout ce que nous ressentons et vivons. Ainsi, nous sommes envahis émotionnellement et nous subissons le contexte, ou nous relativisons et nous transformons ces contraintes en opportunités. Heureusement, certains ont su immédiatement s'adapter grâce à leur capacité de résilience et ont fait preuve de performance créative.

À chaque annonce de confinement, notre capacité à rebondir dépendra donc de notre état émotionnel.

> *« Que la force me soit donnée de supporter ce qui ne peut être changé, et le courage de changer ce qui peut l'être mais aussi la sagesse de distinguer l'un de l'autre. »*
>
> –Marc Aurèle

ÉTAT CRASH - *Combattre, fuir, être sidéré ou replié sur soi*

L'état dans lequel nous nous trouvons au moment de ces bouleversements (émergence d'émotions, de stress) s'appelle en Changement Génératif, l'état « CRASH », un acronyme qui signifie : Contracté, Réactif, Analyse paralysante, Séparé, Hostile (heurté, blessé, haï).

- *Contracté :* **notre corps est contracté lorsque nous sommes sous stress. Il réagit avec des blocages neuromusculaires qui intensifient d'une manière négative notre état mental et physique.**

- *Réactif :* **parce que dans ces situations émotionnelles, ou de stress, toute sorte d'émotion émerge et nous rend plus réactif, voire, plus impulsif.**

- *Analyse paralysante :* **dans ces moments, nous ruminons, notre mental tourne en boucle, nous analysons tout sans entrevoir de solution véritable car notre état émotionnel ne nous le permet pas.**

- *Séparé :* **c'est comme si nous étions dissociés, en dehors de notre corps, n'étions plus connectés à nous-mêmes, pas très congruents, ni très alignés entre nos gestes, nos paroles, et de qui nous sommes en réalité.**

- *Hostile :* **nous haïssons ce que nous vivons, nous agissons sans nous en rendre compte pour blesser, avec haine parfois. Nos paroles ou nos actes peuvent dépasser notre pensée et notre volonté.**

Les blocages neuromusculaires de l'état CRASH nous plongent directement dans notre cerveau reptilien où nous agissons de quatre façons : le combat, la fuite, la sidération ou le repli sur soi.

L'être humain agit à partir de son cerveau reptilien lorsqu'il est plongé fortement sous stress ou en cas d'émotions fortes. Et dans ces cas-là, nos réactions sont proches de celles d'un cobra. Soit, nous sommes figés, nous ne bougeons plus, nous sommes sidérés. Soit, nous attaquons. Soit, nous fuyons. L'être humain peut aussi se replier sur lui-même et sombrer en burn out, en dépression, se sentir seul, ressentir qu'il n'y a pas d'aide possible, ou développer une autre pathologie.

LES ÉMOTIONS

Nous avons tous besoin d'un équilibre affectif, familial, professionnel, financier ou tout autre. S'il y a une rupture de cet équilibre, par un traumatisme ou toute autre raison, notre équilibre émotionnel est fragilisé. C'est ce que nous avons vécu lors de l'arrivée de cet ennemi invisible, le virus, la Covid-19. Depuis, la courbe des émotions est en permanence chaotique.

Dans la période que nous traversons, les émotions sont particulièrement plus présentes, elles touchent tout le monde et sont très fluctuantes. Il est utile d'y être attentif car ce sont nos alliées. Elles se manifestent en nous (ou pas !) pour nous communiquer une information intéressante. Chaque émotion a un message à nous transmettre pour nous aider à prendre conscience, à devenir lucide pour affronter les situations de la vie et elles nous préparent à agir. En quelque sorte, nos émotions sont une incitation à passer à l'action.

Sans rentrer dans le détail scientifique, quel en est le mécanisme ?

Nous sommes pourvus de quatre émotions primaires qui s'expriment chacune à leur façon. Ce sont des réponses archaïques qui s'expliquent du fait de notre passé préhistorique et l'environnement hostile dans lequel nous avons évolué depuis des millions d'années.

> « L'histoire a commencé quand les hommes ont inventé les dieux. Elle s'achèvera quand ils deviendront des dieux. »
> –Yuval Noah Harari (*Sapiens une brève histoire de l'humanité*)

Ces quatre émotions primaires : la colère, la peur, la joie et la tristesse nous permettent de faire face aux situations de la vie courante. Toutes les autres émotions connues ne sont qu'une déclinaison de ces quatre émotions. Aujourd'hui, les recherches sur les émotions se développent et se poursuivent. Les scientifiques ont fait des découvertes passionnantes. En effet, on parle aujourd'hui d'épigénétique, c'est-à-dire la science qui étudie l'influence de l'environnement sur l'expression des gènes et qui ouvre des espoirs pour l'avenir. Une personne issue d'une famille d'anxieux a de grandes chances de développer une anxiété dès son plus jeune âge. Dawson Church PhD nous dit que grâce à l'épigénétique, cette personne aura la possibilité de modifier son hérédité. Ainsi, chacun pourra lutter contre la fatalité familiale. (*cf.* « Le génie dans vos gènes » de Dawson Church PdD).

Nos émotions sont commandées par différentes parties qui composent le cerveau humain : le cerveau reptilien, le cerveau limbique et le néocortex. La théorie du cerveau Triunique est un modèle qui nous dit que le cerveau s'est développé au travers des siècles et de l'évolution de l'espèce humaine.

Pendant ce confinement notre état émotionnel nous a connecté à notre cerveau reptilien.

Cette première partie du cerveau, cette zone que l'on compare à un cobra, représente la partie la plus ancienne, celle utilisée par les hommes préhistoriques, qui répond à un danger. Face à un environnement hostile, ou face à une proie, le cobra réagit de façon instinctive, il recherche la survie et se protège : soit il attaque, se fige corporellement ou s'enfuit.

La deuxième partie, nommée cerveau limbique est le siège du corps (*soma* en grec) et de nos émotions, c'est celle aussi qui stocke notre mémoire des souvenirs liés à nos émotions passées.

Enfin, la troisième partie du cerveau appelée, le néocortex, est celle qui analyse, réfléchit et contrôle. Elle nous aide à comprendre, à raisonner de façon rationnelle, cartésienne, logique.

Dans les dernières études en neurosciences, deux autres cerveaux ont été identifiés : le ventre et le cœur, où siègent également nos émotions. Les neurosciences ont démontré que l'intestin n'est pas qu'un seul système digestif car il est prouvé aujourd'hui qu'il comporte deux cents millions de neurones. Il est considéré comme notre deuxième cerveau. Après le ventre, notre cœur est lui aussi rempli de quarante mille neurones qui en font une extension parfaite de notre cerveau. Notre cœur intervient dans nos ressentis, nos émotions et dans nos décisions. Instinctivement, lorsque nous parlons de nous-mêmes, de façon authentique, nous pointons notre cœur, nos mains se dirigent vers notre cœur. (*cf. L'intelligence intuitive du cœur : la solution HeartMath (travaux de l'Institut HeartMath).*

Alors, quels besoins s'expriment à travers nos émotions ? Comment faire de nos émotions une force ? Comment être en lien avec le potentiel de chacun pour transformer ces obstacles qui nous fragilisent ? Nous reviendrons sur ces questions dans les chapitres suivants.

Une des premières solutions essentielles pour tous, est de passer de l'état CRASH à l'état COACH. Cette étape est nécessaire pour faire face à l'inconfort physique et émotionnel, pour transformer les obstacles et accéder à toutes ses ressources.

L'ÉTAT COACH

L'état COACH est l'inverse de l'état CRASH, c'est un acronyme créé par Robert Dilts et sa femme Deborah Bacon Dilts qui signifie : Centré, Ouvert, Alerte (attentif, conscient), Connecté et Hospitalier.

- *Centré :* c'est ce petit point en dessous du nombril, à mi-chemin entre la paroi abdominale et la colonne vertébrale, le centre du corps, le « chi » : l'énergie vitale que les Chinois appellent le « Dantian » (le centre énergétique), et les Japonais le « Hara ». Il s'agit du centre d'équilibre, représentée par une ligne imaginaire verticale entre le ciel et la terre. Ce centre qui permet à toute danseuse de danser, de faire un développé, d'être sur pointes, d'effectuer des pirouettes. Ce qui est impossible, si le danseur ne « tient pas son centre » de la même manière qu'un patineur, un surfeur, un golfeur ou encore un cavalier.

- *Ouvert :* c'est l'ouverture à donner, à recevoir, l'ouverture du cœur, l'ouverture à soi, l'ouverture à autrui, à tout ce qui émerge, ce qui arrive. L'ouverture nous aide à accepter les différences, le modèle du monde de chacun, les systèmes de valeurs multiples. Cela nous permet la flexibilité à l'autre, à toute idée, sans jugement de valeur.

- *Alerte :* lorsqu'un individu est en état COACH, il est détendu, relaxé, il reste cependant conscient de tout ce qui se passe en lui et autour de lui, il est attentif.

- *Connecté :* nous sommes tous connectés, tous reliés à quelque chose de plus grand que nous. Nous sommes tous des « Holons », comme le définit Arthur Koestler dans son livre « Le cheval dans la locomotive : le paradoxe humain ».

HOLON

Dans cette notion de *Holon*, tout ce qui existe dans l'univers est à la fois un « Tout » en soi constitué d'autres Tout, et simultanément une partie d'un Tout beaucoup plus grand. Chaque personne est un Tout et fait partie d'un plus grand Tout. Chaque partie contient le Tout et peut recréer le Tout. Par exemple, chaque cellule de votre corps est un Tout composé de molécules qui sont elles-mêmes des tout composés d'atomes, eux-mêmes composés d'éléments subatomiques,... etc. Et chaque cellule appartient à un tissu, un organe, un corps et ce corps est un Tout qui fait partie d'un système successivement de plus en plus grand.

Cette capacité à porter tout cela simultanément est une caractéristique de l'état d'esprit holistique des personnes exceptionnelles et des génies. Einstein disait : « *Un être humain fait partie d'un Tout que nous appelons « l'univers », mais l'être humain est une partie limitée dans le temps et l'espace, et cette limitation crée une distorsion dans notre conscience, ce qui fait que nous vivons comme séparés du reste.* » Cette distorsion de la séparation est une illusion qui nous amène à ressentir de l'affection uniquement pour quelques personnes autour de nous. Einstein nous invitait à nous libérer de cette prison ; à savoir cette façon de penser, en élargissant notre cercle de compassion pour embrasser toute l'humanité, toute créature vivante et la nature entière dans sa beauté. En résumé : se connecter à quelque chose de plus grand que soi.

Prenons l'exemple d'Elon Musk qui a une vision d'un être humain interplanétaire et c'est la raison pour laquelle il a créé « Space X », une entreprise qui construit des fusées (Starship), et qui a pour objectif d'aller sur Mars d'ici 2026. Bien que l'idée ait pu surprendre, Elon Musk est aujourd'hui considéré comme une personne exceptionnelle, (sur sa vision en particulier), un véritable génie. Dans tous les cas, c'est quelqu'un qui est connecté à quelque-chose de plus grand que lui, ce qui lui a permis de « rêver grand » et de faire en sorte que sa vision devienne réalité.

La notion de *Holon* propose une vision qui n'exclut rien. Quand je rejette quelque chose je vais à la rencontre de problèmes tout à fait prévisibles. Si je m'exclus, si j'ignore mon corps ou ma famille, cela peut avoir un impact sur ma santé, comme Steve Jobs l'a vécu. Si je fais abstraction totale de la planète, cela entraînera les perturbations environnementales que l'on observe aujourd'hui. La vision holistique permet d'agir localement et de penser globalement.

Dans un hologramme, l'ensemble d'une image est présent dans toutes les parties de l'image. Notre corps est construit ainsi. L'ADN est présent dans chaque cellule du corps. Et dans toute organisation efficace, nous allons retrouver les aspects clés de l'organisation chez chaque personne. Et si la vision et les valeurs de l'entreprise ne sont pas présentes et intégrées en chacun, cela va créer du chaos, de la confusion.

> *« Voir un univers dans un grain de sable, et un paradis dans une fleur sauvage. Tenir l'infini dans la paume de la main, et l'éternité dans une heure. »*
>
> –William Blake

- *Hospitalier :* **prêt à accueillir tout ce qui vient en nous et en dehors de nous. La notion d'hospitalité, c'est abriter, recueillir, dans l'idée de soutenir et d'accepter l'imprévu avec curiosité et ouverture, dans le monde dans lequel nous vivons.**

DÉCONFINEMENT DES ÉMOTIONS

Lors du premier confinement, dans cette situation inédite, c'est comme si certaines personnes étaient restées sans réellement exprimer leurs émotions, comme si tout s'était figé. Et lors du déconfinement, c'est reprendre son quotidien qui a été très difficile pour tout le monde. La peur était omniprésente, renforcée par la lecture de la presse, par l'écoute des discours politiques dans la vie quotidienne. Les émotions comme la tristesse ou la colère ont rapidement émergées pour ceux qui avaient vécu des périodes difficiles ou dramatiques, comme des pertes d'êtres chers, des violences conjugales, aussi bien pour les hommes que pour les femmes, ou bien les enfants battus, ou encore, pour l'arrêt total ou la baisse d'activité des entreprises. Le deuil de ce qui avait été vécu n'était pas totalement achevé.

C'est comme si nos émotions avaient été en suspens sur un nuage au-dessus de la vie et tout à coup, lorsque la vie a repris son cours, qu'un semblant d'espoirs était à nouveau présent, subitement l'orage a éclaté comme une pluie envahissante, prégnante, tout a émergé de manière torrentielle et inattendue. Chacun s'est senti submergé d'émotions.

À peine remis du premier déconfinement, et de nos émotions, arrive une seconde vague, avec d'autres blessures, le deuxième confinement qui provoque un traumatisme cumulatif. Notre besoin de sécurité se renforce.

Lorsque l'on parle de la « Pyramide de la hiérarchie des besoins » selon le psychologue américain Abraham Maslow, on peut dire que la COVID-19 rebat les cartes et nous propulse tous, ou en grande partie, dans le besoin de sécurité, voire dans les besoins physiologiques.

Ce déséquilibre a fait émerger une émotion dominante qui a envahie la planète. Depuis le début de cette crise sanitaire qui tend à la prudence générale, c'est bien sûr la peur, la peur du virus, la peur d'être contaminé, la peur de l'inconnu. Le monde s'est retrouvé en totale insécurité et de façon tout à fait inattendue.

Face à cette situation inédite, un besoin vital et urgent a émergé pour tous, celui de se sentir en sécurité dans la vie privée comme dans la vie professionnelle. Les besoins de sécurité des personnes s'expriment différemment en fonction de leur culture et de leur histoire personnelle. La peur et l'insécurité fragilisent les uns et donnent de l'énergie aux autres pour agir et être dans l'action.

Les hommes politiques, les médias, les journalistes, chacun a communiqué avec des mots qui renforcent cette peur, ce besoin de sécurité. Le président de la république française Emmanuel Macron a lui-même prononcé le mot « guerre », et les mesures gouvernementales ont semé la peur. À l'opposé, le président américain Donald Trump a nargué le virus. Depuis, la violence sociale s'est accrue, une guerre Russie-Ukraine a été déclarée et le sentiment de peur et d'insécurité s'est renforcé.

Au tout début, on parlait beaucoup de la courbe de mortalité qui augmentait et les médias se focalisaient sur les chiffres, le nombre de décès et de personnes hospitalisées au quotidien. L'ensemble des statistiques liées à la Covid-19 semait la peur dans chacun des foyers. Il y a eu la peur du virus, la peur de l'attraper, la peur de la proximité et de ses conséquences, la peur d'être très malade, voire de mourir. Certains racontaient que lorsqu'ils rencontraient quelqu'un, la personne changeait de trottoir, ou évitaient le rapprochement physique.

L'histoire se répète, comme dans les années 80, lors de l'émergence du SIDA où le doute s'installait et créait l'exclusion. Ainsi, chaque personne atteinte de la Covid-19 s'est sentie seule et exclue.

Le confinement a permis pour quelques-uns de diminuer leurs peurs car ils étaient dans un environnement sécurisé : chez eux, dans leur maison, et ne sortaient que pour faire les courses de première nécessité. Dès le déconfinement, il a fallu à nouveau affronter les transports en commun, les personnes dans la rue, les collègues dans les entreprises, le restaurant d'entreprise avec cette fois-ci, un masque pour seule protection. La plupart des salariés étaient déconfinés mais se sentaient encore quelque part, un peu confinés, avec le port du masque, la distanciation sociale, et les libertés non retrouvées en totalité.

Le bilan que nous pouvons en faire c'est que cette insécurité est encore présente aujourd'hui et ce, depuis l'annonce du virus, même si certains d'entre nous, avaient envie de retrouver une totale liberté.

Au journal de 20 heures, on montrait une femme désemparée face à une situation qu'elle n'aurait jamais pu imaginer auparavant ; aller chercher ses repas quotidiens dans une association caritative. Les denrées alimentaires étaient redevenues la priorité, pour pouvoir rester chez soi, confinés et en sécurité.

Le deuxième confinement nous a connectés davantage aux besoins d'appartenance à une communauté, à un groupe. C'était une nécessité vitale de contact social et contact physique que chacun attendait : les adolescents, les personnes âgées, les personnes vivant seules avaient cette envie tellement naturelle et humaine de se voir en « réel », et non pas en « virtuel », pour s'embrasser, échanger, partager, que ce soit au niveau de la vie professionnelle ou de la vie personnelle. Tous les signaux affectifs avaient alors disparu, ce qui malheureusement est encore le cas aujourd'hui. Deux exemples qui nous appartiennent et qui nous ont affectées : ma petite fille Chloé de 2 ans et demi m'a dit « moi malade, pas bisous, pas câlins » (*cf.* Martine), et mon frère Éric qui ne voulait plus m'embrasser ou me prendre dans ses bras (*cf.* Nathalie). Vous avez probablement aussi vécu des exemples similaires. Aujourd'hui, certains ont hâte que les étreintes et embrassades puissent reprendre leur naturel, quand d'autres préfèrent garder leur distance sociale car ils gagnent du temps à saluer à distance et cela répond davantage à leur mode de fonctionnement. Dans tous les cas, cette expérience donnera naissance à de nouvelles habitudes de vie, et les codes changeront.

En France, le télétravail mis en place dans la majorité des entreprises a incité, puis obligé les salariés à travailler chez eux. Les enfants, les adolescents, les jeunes adultes, les trentenaires célibataires, particulièrement, mais finalement, tout un chacun vivait avec difficulté ces nouvelles mesures car ils se sentaient seuls et se questionnaient quant à leur avenir professionnel et personnel. Ce qui peut d'ailleurs encore être le cas aujourd'hui. Cela a même accéléré cette fameuse question « qu'est-ce que je veux faire de ma vie ? ». Les conditions de travail n'étaient pas idéales pour certains et le lien social se distendait, seul le contact virtuel était présent. Il permettait de continuer certaines activités et de soutenir ceux qui en avaient besoin. La vie n'était plus « comme avant » et la situation en elle-même ne pouvait pas réparer ces blessures ; au contraire, cette situation ré-ouvrait même pour certaines personnes des blessures de vie. Ce qui a multiplié en entreprise les burn out, a augmenté les états dépressifs, l'anxiété, l'insécurité, le stress. Le manque de lien social, tellement important pour la jeunesse dans cette période de vie, où leur avenir est devant eux, et où les possibilités habituellement infinies, renforçaient leurs nombreux questionnements jusqu'à remettre tout en cause et rechercher un autre sens pour satisfaire le besoin de vivre en toute liberté.

Dans ces conditions, il était donc difficile de retrouver de la motivation et surtout de prendre de la distance face à cette période si difficile à vivre. Car comment prendre de la hauteur et envisager un avenir différent dans ces conditions ? Comment retrouver la sécurité dont nous avons tant besoin ? Revenir à notre état COACH est une des premières solutions essentielles dans notre vie quotidienne. Le Dalaï-Lama lui-même ou toute personne considérée comme ayant une grande sagesse, est de temps à autre en état CRASH. La différence entre tous ceux qui pratiquent dans leur quotidien l'état COACH, ou une pratique de méditation, de retour à soi, une bulle de respiration pour soi ; c'est que ces personnes ont la possibilité de revenir aisément et beaucoup plus rapidement à leur zone d'excellence intérieure dont elles ont besoin dans ces moments-là.

Être à la quête de notre zone d'excellence intérieure, c'est un début pour prendre soin de soi et être attentif à sa santé.

SANTÉ !

La coutume de se souhaiter chaque nouvelle année, au 1er janvier, une bonne année et une bonne santé, est automatique et aujourd'hui, elle prend encore plus de sens. Dans le contexte actuel où chacun scande dès qu'il le peut le fameux « prenez soin de vous », ce nouveau rituel a enfin pris une place importante dans notre quotidien.

Alors qu'est-ce que prendre soin de soi ?

Prendre soin de soi c'est se respecter, se donner les moyens d'être dans sa zone d'excellence intérieure et agir de façon optimale dans sa vie. C'est être en amitié avec soi-même, car nous sommes notre meilleur ami. Qui d'autre que nous, peut être attentif à sa propre santé pour la protéger ? Personne d'autre ne le fera pour nous.

Qu'est-ce qui est à prendre en considération pour favoriser une bonne santé ? Être à l'écoute subtile de toute manifestation psychologique ou corporelle.

Nous avons abordé plus haut nos émotions et l'impact sur notre corps. L'anxiété est une émotion, proche de la peur, qui existe chez tout être humain. Elle correspond à une nécessité permanente de s'adapter aux problèmes de la vie et aux interrogations que chaque individu porte sur le monde. L'anxiété est la première conséquence psychologique du stress. D'ailleurs, en septembre 2021, nous constatons que les sujets récurrents dans nos accompagnements sont de calmer l'anxiété, de réduire le stress et de retrouver la sécurité au quotidien. Ces demandes sont renforcées par les traumatismes vécus.

Le stress est l'élément majeur, inévitable pour tout le monde, véritable réaction naturelle du corps et destructeur de la pleine santé. Il se déclenche face à un danger et peut donc nuire à l'équilibre physique et psychologique. Il peut également nuire à l'équilibre de nos défenses immunitaires. Toutes les études récentes le montrent, par exemple, une étude sur les conséquences du stress chronique nous dit : « Après plus de deux ans de Covid-19, d'inquiétude, de confinement, de reconfinement, de reprise épidémique perpétuelle, de chiffres de mortalité, de malades atteints, de variants Anglais, Brésilien, Africain, Omicron… et un an ou plus d'éloignement de nos proches, des concerts, des cinémas, des restaurants, du manque d'activité physique, de détente… autant de facteurs de stress constants qui conduisent à des formes de stress chroniques et qui peuvent aboutir à de nombreux troubles dont la dépression, les troubles du sommeil, les maux de dos, de ventre, les migraines. »

D'un point de vue physiologique, le stress a des conséquences catastrophiques sur le corps humain. Il peut déclencher des réactions corporelles (somatisation) qui peuvent durer de quelques minutes, à plusieurs jours, semaines, voire plusieurs mois. En effet, si le stress reste longtemps, il s'imprime dans le corps. Nous aimons d'ailleurs bien cette phrase :

« Tout ce qui ne s'exprime pas, s'imprime dans le corps. »

D'où l'importance pour chacun d'exprimer ce qu'il ressent. Oser exprimer à l'autre une situation qui ne nous convient pas, des paroles qui nous semblent déplacées ou nous blessent pour éviter des blocages neuromusculaires et l'impact sur notre corps.

Le stress renforce, déséquilibre et diminue fortement notre système immunitaire, notre fragilité psychologique et physique, ce qui explique la survenue de maladies. Il déclenche un grand nombre de pathologies avec des conséquences émotionnelles fortes.

D'un point vue énergétique, le stress, s'il dure, nous épuise totalement. Malgré une nuit complète de sommeil, la personne se réveille fatiguée, ce qui entraine un manque de concentration et des pertes de mémoire. La conséquence directe pour l'entreprise ce sont des arrêts maladie qui ne cessent d'augmenter pour des burn out en pleine explosion, des dépressions ou toute autre pathologie.

Après avoir contextualisé ce que nous vivons depuis le 17 mars 2020, et que nous avons bien plombé l'ambiance, passons maintenant aux solutions pour rebondir et sortir par le haut de cette crise sanitaire.

Rebondir parce que c'est la vie.

Quoi qu'il nous arrive, lorsque nous ressentons que le temps est venu pour nous de passer à l'action, il est vital de trouver les moyens et d'accéder à toutes nos ressources, Car rebondir, c'est aussi se sentir prêt à relativiser, à avancer pour passer à autre chose, souvent à un niveau supérieur de notre vie, pour être en vie. Vivre une transformation et sortir du chaos. Le rythme intérieur n'est pas le même pour tous, le chemin de vie que nous parcourons appartient à nous seul. Choisir de rebondir, car il s'agit bien de cela, peut prendre du temps. Ce qui est important c'est de ne pas être trop exigeant avec soi-même, et de respecter les différentes phases, d'avancer étape par étape. Ne rien brusquer et prendre le temps de se retrouver, réapprendre ce qui est essentiel pour nous, vital, rebondir et sortir par le haut, comme un ballon de baudruche qui s'envole dans le ciel et qu'on ne peut retenir. Il prendra le chemin dont il a envie, pour arriver à sa destination.

Alors tout d'abord, se faire plaisir, et prendre soin de soi. Il existe mille et une manière de prendre soin de soi, chaque matin commencer par un état COACH, ou une méditation, réapprendre à respirer par le ventre pour canaliser ses émotions, car plus nous sommes stressés, plus la respiration est haute. Les bébés respirent naturellement par le ventre. En grandissant, l'adulte, s'il est stressé par sa vie professionnelle ou personnelle perd cette notion dans la journée, mais la retrouve tout naturellement (et fort heureusement) lors de son sommeil la nuit ! La respiration est un précieux cadeau à notre portée et nous pouvons en disposer et l'utiliser à chaque instant de notre vie. C'est l'outil le plus accessible pour tous, le plus simple à utiliser en toute circonstance et notamment dans une situation stressante ou émotionnelle. La respiration, c'est la vie, c'est remettre du vivant en nous.

Se centrer sur soi, se connecter à ce qui est le plus important pour nous et nous mettre chaque jour dans notre zone d'excellence intérieure. L'objectif est de démarrer chaque journée dans un état interne qui nous permet d'être capable de faire face à tout imprévu, toute situation inconfortable ou tout ce qui viendra à nous dans la journée.

Alors se faire plaisir ? Oui, un grand oui !!! Voici les quatre hormones qui exercent la plus grande influence sur notre comportement, ces neuromédiateurs diffusent des substances chimiques dans notre corps influençant nos humeurs, nos émotions, nos comportements, notre état d'être et leur équilibre est essentiel.

En premier lieu, la *dopamine* qui est associée aux plaisirs. Elle nous procure satisfaction, motivation et appétit de vivre.

Chaque jour il est important de faire un arrêt sur soi. Nous vous proposons de faire un arrêt sur vous-mêmes. Nous conseillons toujours à nos clients de prendre rendez-vous avec eux-mêmes, comme avec la personne la plus importante de leur vie ! De le noter dans leur agenda ! Car oui, certains diront « Je n'ai pas le temps ». C'est vrai, nous n'avons jamais le temps de prendre le temps ! Alors n'essayez pas d'en trouver, *décidez* de prendre ce temps pour vous, de façon non négociable, pour votre bien-être. Et ce qui est incroyable, c'est comment le fait de ralentir vous permet de ressentir, et aussi de trouver chaque journée beaucoup plus longue qu'elle ne l'était au préalable ! C'est fou, non ? Je prends le temps, je ralentis et tout à coup, j'ai encore plus de place, plus d'espace ?! Nous vous invitons à tester cela !

Dans ce moment privilégié que vous vous offrez, comme un cadeau, voici quelques questions que nous vous proposons pour évaluer votre capacité à développer la notion de plaisir en vous. L'objectif des questions que nous vous posons, des astuces que nous vous donnons, est de vous amener à une réflexion personnelle, de faire un arrêt sur vous-même, mais surtout de *faire la différence qui fera la différence* à travers vos réponses et les actions que vous mettrez en place. Pour vous, pour votre entourage et pour votre environnement tout entier ! Peut-être pouvez-vous acheter un joli carnet et noter précieusement toutes vos réponses.

Retour à soi - plaisir :

Que faites-vous chaque jour pour vous faire plaisir ?

Qu'accomplissez-vous chaque jour qui vous apporte de la satisfaction ?

Qu'est-ce qui vous motive, vous mobilise, vous fait vibrer ?

Où puisez-vous votre énergie ?

Qu'est-ce qui vous ressource ?

Avez-vous un club de soutien ? (des amis, de la famille, des personnes qui vous inspirent, des personnes chères à votre cœur, encore de ce monde ou non, des héros, un lieu, un animal, un végétal, un livre…)

Qu'est-ce qui vous rend vivant ?

En second lieu, la *sérotonine* : hormone de la bonne humeur, impliquée dans la joie de vivre, la sérénité, le contentement, l'optimisme et le sommeil. C'est une des principales composantes des molécules pour les antidépresseurs.

Voici ce que nous vous suggérons dès votre réveil :

Le matin, avant de vous lever, dans votre lit, prenez contact avec votre corps, votre esprit, pour vérifier dans quel état vous êtes émotionnellement, physiquement. Préserver l'instant présent, juste un instant rien que pour vous, le temps de quelques respirations. Ce premier contact vous invite à prendre conscience de vos ressentis, et ensuite de mettre en œuvre des actions, si nécessaire, pour optimiser votre état interne et donner le « La » à une nouvelle journée.

Retour à soi - joie :

Quelle est votre humeur du jour ?

Êtes-vous en lien avec la joie de vivre ?

Avez-vous bien dormi ? Quel est votre rituel d'endormissement ?

Allez-vous vivre cette journée avec optimisme ?

Êtes-vous serein ?

Comment vous sentez-vous dans votre corps ? Un besoin particulier ressenti ? Prenez votre temps, savourez ou accueillez ce qui vient, tout est O.K.

À la fin de votre journée, et avant de vous coucher, de quoi êtes-vous fier dans ce que vous accomplissez chaque jour dans vos tâches, actions, rencontres, paroles, pensées positives… ?

En troisième lieu, l'*endorphine*, véritable drogue naturelle libérée par l'effort physique, qui procure une sensation d'euphorie, permet de se sentir bien dans sa peau, serein, car elle endort les sensations négatives, elle est aussi réputée comme un antifatigue.

La fatigue est un fléau sociétal qui influence fortement notre état interne et la manière dont nous vivons nos journées.

Voici comment l'apaiser :

Retour à soi - détente - sérénité - énergie :

Pratiquez-vous un sport ? Yoga, course à pied, ou une activité physique quotidienne quelle qu'elle soit ? Sportive, artistique, intellectuelle… Qu'est-ce qui vous ressource ?

Qu'est-ce qui vous fait vous sentir bien dans votre peau, dans votre corps ? Dans votre esprit ?

Comment faites-vous avec le rythme quotidien pour garder votre sérénité ? Vous êtes-vous déjà posé cette question ?

Combien de fois par jour riez-vous ? Souriez ? Pensez à quelque chose de drôle ?

De quoi avez-vous besoin pour être bien dans votre corps ?

Comment préservez-vous votre mental ? Y avez-vous déjà songé ?

Enfin, en dernier lieu, l'*ocytocine*, l'hormone de l'amour, du lien social et qui aide au développement de la confiance. Pour libérer de l'ocytocine dans votre cerveau :

Retour à soi - estime de soi - confiance :

Quelle estime avez-vous de vous-même et comment pouvez-vous la renforcer ?

L'estime des autres est-elle plus importante que l'estime de vous-même ?

Quel est votre niveau de confiance envers vous-mêmes ?

Quel est votre rapport avec le monde ?

Quels liens amicaux, professionnels, familiaux, intimes et personnels entretenez-vous ?

Quelle différence faites-vous entre l'intimité et votre vie privée ?

Quelle relations intimes avez-vous ? Quel est votre lien conjugal ? Votre relation au couple ?

Combien passez-vous de temps à faire des compliments ? Ou tout simplement faites-vous des compliments ? Avez-vous envie de le faire ?

Faites-vous souvent des câlins, des bisous ?

Qu'aimez-vous manger qui vous fait du bien ?

Arrivez-vous à vous abandonner au lâcher-prise ?

Encore une fois ces questions de retour à soi, ont pour vocation de vous plonger dans votre intériorité. Nous vous suggérons d'y répondre de façon honnête et sincère et surtout de mettre en place les actions qui vous semblent justes pour vous. Vous pouvez appliquer la méthode des petits pas, mettre en place une seule chose, juste une action qui sera essentielle pour vous, et ce sera déjà beaucoup.

Lorsque l'équilibre des hormones s'est installé, nous allons renforcer nos défenses immunitaires, pour cela, utilisons une méthode accessible immédiatement : se connecter à la respiration. Cet automatisme vital, notre respiration naturelle, qui fait que nous sommes en vie et dont les bienfaits sont de diminuer notre anxiété. Cette ressource si précieuse est à notre portée à chaque instant de notre vie et d'une efficacité redoutable. La cohérence cardiaque en est un exemple probant. La cohérence cardiaque c'est maîtriser l'immaîtrisable : les battements de son cœur. Dans notre corps, le cœur ne bat pas de façon régulière. Il accélère à l'inspiration et ralentit à l'expiration. La différence peut être de l'ordre de 5 à 7 battements par minute, soit une variation importante. Nous savons aussi que le cœur réagit à son environnement extérieur en permanence. Il accélère, décélère à chaque instant. Gérer son stress, c'est savoir gérer cette variation. Sous stress, les battements de notre cœur sont irréguliers, si nous regardions une courbe cardiaque, nous constaterions qu'elle est anarchique, un peu chaotique. Pour qu'elle devienne plus harmonieuse, la respiration par le ventre et régulière est essentielle. L'inspiration doit être égale à l'expiration, et en 5 minutes de pratique, notre courbe cardiaque devient constante, nous sommes alors dans un état dit de « cohérence cardiaque ». Ceci permet une gestion optimale du stress, et c'est gratuit ! Nous vous invitons à visionner quelques vidéos sur YouTube qui sont nombreuses et permettent, en 5 minutes, de pratiquer la cohérence cardiaque.

La Cohérence Cardiaque par Nathalie Lebas (chaîne YouTube CHRYSALYS)

Après la respiration, notre système immunitaire passe d'abord par l'alimentation saine. Une alimentation saine c'est éviter la surconsommation de produits industriels, d'alcool, de sucre. C'est privilégier les fruits et les légumes pour faire le plein de vitamines. C'est aussi réguler son sommeil pour qu'il soit de qualité et en quantité suffisante. Pour cela, limiter les écrans, les portables, les ordinateurs juste avant de s'endormir, se coucher à heure fixe et dormir au moins huit heures par nuit. C'est profiter des rayons du soleil pour augmenter la vitamine D dans le sang, pratiquer une activité physique régulière si possible en extérieur pour réduire les hormones du stress et diminuer la présence de cortisol dans le corps, puisque nous savons que le stress fait baisser notre système immunitaire. Il est donc important d'être attentif à l'équilibre physique et psychique qui a été fortement heurté dans cette crise sanitaire puisque le changement est devenu permanent. Nous avons dû apprendre à vivre dans l'incertitude avec un avenir totalement mouvant, tout ce que nous prévoyons, évolue et bouge en permanence. Cette crise sanitaire nous aura appris à nous réinventer mais surtout, à développer notre flexibilité, notre créativité et notre adaptabilité.

ACCUEIL - ÉTAT PRÉSENT - ADAPTABILITÉ

S'adapter c'est reconnaître et accepter ce qui est et ce n'est pas toujours facile, car selon le sujet à « accepter », cela peut même devenir très complexe. Alors nous préférons utiliser le terme « accueil ». accueillir ce qui est, ce qui se vit, ce qui se joue, les émotions, les pensées. Accueillir, c'est donner l'hospitalité, ce qui veut dire admettre tout ce qui se passe en nous et à l'extérieur de nous. Donc accueillir, comme une évidence, reconnaître pour aller vers l'acceptation et l'adaptabilité, ou résister. Et dans ce dernier cas il est important d'intégrer que tout ce à quoi je résiste, persiste. Le combat n'est pas toujours la solution. Accueillir, c'est en réalité créer de l'espace, l'espace en soi et autour de soi pour se connecter à un champ de possibilités infinies et faire émerger toutes les solutions nécessaires pour soi. Ce qui nous permet de nous recentrer, de regagner en efficacité et en performance dans l'entreprise et à titre personnel.

Par exemple, pour la Covid-19, nous n'avions aucun pouvoir de changer tout ce qui se passait dans notre environnement externe. Nous pouvions pester et critiquer tout ce qui arrivait dans notre monde, ou bien comme nous l'avons déjà dit plus haut, la seule chose que nous pouvions changer, c'était notre état interne. En premier lieu, respirer, se connecter à soi, revenir à soi. Ensuite, cela passe par l'accueil pour sortir de l'état CRASH et revenir à l'état COACH.

En Chinois le mot « crise » a deux idéogrammes : le danger et l'opportunité. Alors, nous devons faire un choix. Le mot crise vient du grec « *krisis* » et signifie « Action de choisir ». On a le choix de rester en état CRASH ou de passer en état COACH. Nous avons toutes les deux la conviction que, quelles que soient les situations vécues, nous avons toujours le choix. Et nous faisons les meilleurs choix en fonction des ressources que nous avons à notre disposition. Dans un contexte donné, à un moment de notre vie, quel que soit le choix, qu'il s'avère finalement « bon » ou « mauvais », si cela était à refaire, au même moment, avec les mêmes moyens ou ressources, nous referions les choses à l'identique. Il est très aisé après coup de se dire « si j'avais su… ». Saisir une opportunité, c'est développer le plus grand nombre de choix possibles pour soi et son environnement.

Donc choisir d'accueillir pour aller vers l'acceptation et l'adaptabilité ou résister. Dans notre quotidien, pour nous adapter et garder notre flexibilité cela veut dire rester « présent », cette notion que l'on trouve partout, dans tous les livres de développement personnel. Rester présent, présent à soi, aux autres, à notre environnement alors que notre esprit est sans cesse focalisé sur notre passé ou vers l'avenir. Alors que les entreprises ou les dirigeants nous emmènent vers une vertigineuse ascension de productivité, de résultats, nous avons envie de vous poser les questions suivantes :

Retour à soi - instant présent - ralentir :

Pourquoi toujours vouloir aller trop vite ?

Après quoi courez-vous ?

Qu'est-ce qui fera qu'un jour, vous serez satisfait du chemin parcouru ?

Le serez-vous un jour ?

Le seul moyen de s'arrêter sur soi, sur son chemin, sur son entreprise, c'est de se connecter systématiquement à l'instant présent, pour apprécier avec délice notre vie, la vie telle qu'elle est ou telle que l'on a envie qu'elle soit. Et pour vivre l'instant présent, se connecter à notre respiration est un excellent moyen pour chasser les idées. Se dire et se répéter, j'inspire, j'expire encore et encore, peut aider.

Pour vivre l'instant présent, nous vous invitons à pratiquer l'expérience suivante que nous avons vécue avec des bouddhistes formés à la pleine conscience au Tibet :

Prenez un raisin sec dans le creux de votre paume de main.

Observez-le.

De quelle couleur est-il ?

Y a-t-il des striures sur l'ensemble du raisin ?

Quelle est sa forme ?

Soupesez-le.

Faites-le bouger dans votre main.

Déplacez-le et observez.

Ensuite, sentez-le.

Y a-t-il une odeur particulière ? L'odorat est la mémoire la plus forte que nous avons depuis notre tendre enfance.

Pressez-le entre votre pouce et votre index, portez-le à votre oreille et écoutez ce que vous entendez…

Faites-le rouler sur le dessus de vos lèvres et ressentez…

Mettez-le sur votre langue et surtout ne le croquez pas tout de suite. Y a-t-il une saveur particulière ?

Un goût que vous découvrez ou connaissez déjà ?

Puis, croquez-le. Posez-vous les mêmes questions.

Avalez-le, ressentez sa trajectoire dans votre corps.

Cette expérience peut être explorée dans votre quotidien, dans toute situation de vie.

Il s'agit d'un temps suspendu pour ralentir et ressentir.

Les essentiels à retenir :

- Se connecter à sa zone d'excellence intérieure (ÉTAT COACH) chaque jour
- Accueillir ses émotions
- Prendre soin de soi
- Ralentir pour ressentir

"Look to this day" – « Regarde ce jour »

Auteur inconnu

Regarde ce jour, car il est la vie,

la vie même de la vie.

Dans sa course brève réside toute la vérité de l'existence,

la joie de la croissance,

la splendeur de la beauté,

la gloire de l'action.

Car hier n'est plus qu'un souvenir,

et demain seulement une vision.

Mais chaque jour bien vécu fait de chaque hier un souvenir de bonheur

et de chaque demain une vision d'espoir.

Alors, regarde ce jour !

Chapitre 2

POSER UNE INTENTION

La puissance de l'intention générative

En entreprise, depuis l'arrivée du virus, on se réinvente, on se réorganise, on apprend à faire autrement, on innove, on se réajuste en permanence pour accompagner son entreprise en plein essor, pour saisir une opportunité qui se présente, pour se développer, prévoir et préserver l'avenir de son business.

Au niveau personnel, nous nous posons mille questions pour évoluer dans nos valeurs, reconsidérer nos priorités de vie et réinventer un futur différent.

Si nous cherchons à retrouver la stabilité d'avant, les crises économiques, écologiques, sociales et sanitaires, pourraient se succéder.

Comme le disait Gustav Jung, « *Les crises, les bouleversements, la maladie ne surgissent pas par hasard. Ils nous servent d'indicateurs pour rectifier une trajectoire, explorer de nouvelles orientations, expérimenter un nouveau chemin de vie* ».

Cette situation inédite nous amène donc à repenser le cours de nos vies personnelles comme professionnelles et à poser de nouvelles intentions. Il y aura donc un « après ».

L'intention est une croyance fondamentale dans notre vie, pour celui qui sait la poser de façon positive.

Retour à soi - intention de vie :

Quelle est votre intention pour l'avenir aussi bien à titre professionnel que personnel, pour votre famille, votre vie privée, et votre santé ?

Que voulez-vous créer pour vous, pour votre environnement ?

Quelles sont les actions ou comportements que vous voulez mettre en place ?

Quelles capacités ou compétences pourriez-vous développer pour atteindre votre objectif ?

Quelles valeurs peuvent vous y aider ? Quelles sont vos croyances majeures et positives pour soutenir votre démarche ?

Qui voulez-vous devenir, quel rôle voulez-vous jouer ?

Que voulez-vous créer dans le monde ? Quelle est votre raison d'être et votre mission sur cette terre ? Quelle trace voulez-vous laisser derrière vous ?

Pour qui ? Pour quoi ?

Steve Jobs (Fondateur d'Apple Inc.) disait :

> *« Votre temps est limité, donc ne le gaspillez pas en menant une vie qui n'est pas la vôtre. Ne soyez pas prisonnier des dogmes – ce qui consisterait à vivre en obéissant à la pensée d'autrui. Ne laissez pas le brouhaha extérieur étouffer votre voix intérieure.*
>
> *Et le plus important, ayez le courage de suivre votre cœur et votre intuition. L'un et l'autre savent ce que vous voulez réellement devenir. Tout le reste est secondaire…Vous devez faire ce que vous aimez… la seule manière d'être vraiment satisfait est de faire ce que vous estimez être un bon travail. Et la seule manière d'être bon, c'est d'aimer ce que vous faites. Si vous ne l'avez pas encore trouvé, persistez. N'abandonnez pas. »*

Écoutez votre cœur, votre corps ; ils savent ce qui est bon pour vous.

DÉFINITION DE L'INTENTION

L'intention n'est pas une destination, il s'agit d'un voyage. D'un point de vue étymologique, intention vient du latin « *intendere* » qui signifie « tendre vers ». L'intention c'est une direction.

C'est un chemin vers lequel nous souhaitons aller, qui ouvre un espace et crée une vision plus grande vers notre futur ; c'est un acte posé vers un état désiré. Une intention peut être définie comme l'envie ou la résolution prise par une personne pour agir et elle peut évoluer dans le temps.

Une intention est une intention que l'on pose. Nous laissons venir ce qui vient à nous, comme la chance, une opportunité que l'on se crée, que l'on se donne et que l'on saisit.

Il y a deux aspects lorsque l'on parle de l'intention :

- Le premier, l'intention cognitive : une volonté déterminée, avec beaucoup de motivation, de force qui est un objectif fixe **S**pécifique, **M**esurable, **A**mbitieux, **R**éaliste, **T**emporel, (**SMART**).

- Le second, une intention comme un appel, un désir au plus profond de soi, en utilisant les trois intelligences : l'intelligence cognitive, l'intelligence somatique, celle du corps, connectée à soi, et enfin celle du « champ » ; bien au-delà. Une intention que l'on sème, comme une graine qui va éclore.

Cet Appel, nous embarque à cheminer vers notre futur. Notre intuition nous guide à vivre notre « voyage du héros ». Le concept du voyage du héros a été établi par Joseph Campbell décrit dans son livre « Le héros aux mille et un visages ». Il nous parle de l'appel à l'aventure qui se présente comme un problème ou un défi à relever. Une aventure extraordinaire où l'être humain peut s'accomplir pleinement dans sa vie, bravant toutes ses peurs, tous les obstacles qu'il rencontre, il passe le seuil de l'aventure et ne veut plus faire demi-tour, et pour enfin, transformé par l'expérience, être dans « Sa » vie. L'utilisation de l'objet de sa quête pour améliorer le monde donne un sens à sa propre vie.

Cet Appel, qui émerge à un moment donné de notre vie est une pépite dormante réveillée lors d'un voyage, d'une lecture, d'une rencontre, d'un choc émotionnel ou de vie, un problème de santé, et déclenche une prise de conscience fulgurante, bien souvent après quarante ans. Il nous guide vers un futur attirant, différent de la vie que nous menons. À l'instant où il se présente, soit nous avons la capacité de l'écouter et nous avons le courage d'avancer, soit nous préférons continuer notre chemin de vie à l'identique, tel que nous l'avions construit jusqu'alors et l'intention s'envole. Le voyage du héros est totalement en lien avec qui nous sommes, notre authenticité, notre identité profonde, et la mission que nous souhaitons accomplir sur cette terre.

Dès que nous rencontrons cette évidence, l'intention se met en route naturellement ; tout est fluide. Elle va faire avancer notre être tout entier comme un surfer qui glisse sur la vague. Nous sommes dans le flow (la fluidité) vers notre état désiré. Tout est à sa juste place et se connecte vers la même direction. C'est un champ d'énergie, comme le Sankalpa en yoga, une graine magique, une volonté infaillible, une intention sincère et solennelle. Elle nous met dans une relation de confiance vis-à-vis de nous-mêmes et de notre état désiré, de notre futur.

"Where attention goes, energy flows."
« L'énergie va là où l'attention va. »

–James Redfield

Cette notion d'intention existe depuis la nuit des temps, les Amérindiens, les Indiens, les peuples anciens posaient déjà des intentions de guérison ; en lien avec le temps et la nature : espérer qu'il pleuve, que le soleil brille, que le vent se lève, que les enfants et la famille soient heureux et en bonne santé etc. Poser une intention est devenu plus connu dès la sortie du livre de Wayne W. Dyer « *Le pouvoir de l'intention* ».

Depuis le début de la crise sanitaire, le fait de poser une intention, prend toute son importance et mérite toute notre attention.

LES 5 ÉTAPES POUR POSER UNE INTENTION

Voici les différentes étapes pour poser une intention juste et efficace. Poser une intention permet d'accéder à sa zone d'excellence intérieure. L'objectif étant d'être dans un état optimal, et non pas maximal afin de vivre pleinement sa journée. L'état « maximal » nous amènerait à nous infliger une charge mentale et physique trop importante, visant la perfection, ce qui nous forcerait à nous sur-adapter. Nous serions entrainés dans trop d'exigences vis-à-vis de nous-mêmes. L'état « optimal » est le niveau idéal pour exaucer notre vœu le plus cher. Cet état nous aidera à accueillir les différents événements et les imprévus qui pourraient émerger.

1. Choisir un lieu propice et une musique qui vous inspire

Notre environnement agit sur notre état interne. Le choix du lieu où vous posez votre intention restera gravé dans votre mémoire. Choisissez-le en pleine conscience. Installez toutes les conditions idéales pour ne pas être dérangé (portable éteint, allumez une bougie, ou brûlez un encens, créez une ambiance qui vous convient). En pleine conscience, prenez le temps de savourer l'instant présent, d'observer autour de vous tout ce que vous pouvez voir ; les objets, les meubles, la vue par la fenêtre…, entendre les bruits en vous et autour de vous ; même le silence, et de ressentir dans votre corps toutes les sensations intérieures, tout ce que vous percevez en vous.

Cela aide à la connexion ou à la reconnexion à votre corps ; le prérequis pour un état COACH profond.

2. Faire un état COACH (Centré-Ouvert-Alerte-Connecté-Hospitalier)

Protocole 1 guidance ÉTAT COACH

Guidance zone d'excellence intérieure, ÉTAT COACH par Nathalie Lebas (chaîne YouTube CHRYSALYS)

Ceci est un exercice pour aller chercher votre zone d'excellence intérieure. L'exercice suivant peut être utilisé pour les professionnels de l'accompagnement.

Commencez par vous installer dans une position assise.

Vous pouvez vous asseoir confortablement sur une chaise, un coussin ou rester debout. Si vous vous sentez fatigué, il est préférable de le faire debout, si au contraire, vous vous sentez stressé, préférez la position assise. Il est tout à fait possible de le faire allongé pour les personnes qui ont des problèmes de santé.

Et sentez déjà vos pieds sur le sol.

Votre colonne vertébrale droite et relaxée, trouvez votre axe vertical, ni trop en avant, ni trop en arrière.

Vérifiez que votre respiration est régulière, que vous respirez par votre ventre et non par le haut de votre cage thoracique.

Une respiration profonde, relaxée, détendue.

Inspirez en gonflant le ventre, en sentant l'air au travers de votre corps.

Et expirez profondément en vidant le ventre de son air. Encore inspirez profondément, sentez cet air qui pénètre dans votre nez.

Et expirez profondément en vidant le ventre de son air.

Continuez à inspirer et expirez lentement.

À chaque expiration, c'est comme si vous évacuiez tout sentiment négatif, tout stress.

Si des idées traversent votre esprit, laissez-les filer.

Tout en continuant d'inspirer et d'expirer calmement, apportez maintenant votre intention sur vos pieds.

Devenez conscient de toutes les sensations de l'ensemble de votre pied : la surface, le talon, les orteils, le dessous de vos pieds ; le tout bien à plat, bien ancré dans le sol.

Puis commencez à étendre votre conscience de vos pieds à vos chevilles, à vos tibias, à vos mollets, à vos genoux, à vos cuisses et à vos hanches, relaxez vos hanches.

Devenez conscient maintenant de votre ventre, de votre centre.

Le centre que l'on appelle le chi qui se trouve 5 centimètres en dessous du nombril.

Ce centre, à l'intérieur de vous à mi-chemin entre la paroi abdominale et la colonne vertébrale.

Respirez calmement, profondément et dites-vous intérieurement « Je suis là », profondément et dites-vous à vous-même « Je suis là, je suis présent, je suis centré »

Continuez à rester conscient de votre centre.

Et commencez maintenant à étendre votre conscience un peu plus haut sur votre taille, votre cage thoracique, tout le long de votre colonne vertébrale, votre poitrine et votre cœur.

Apportez toute votre conscience sur votre cœur, les épaules détendues, en arrière, relaxées.

Et dites-vous, à l'intérieur de vous « Je suis ouvert », ouvert à donner, ouvert à recevoir.

Maintenant continuez votre exploration et apportez votre conscience sur vos épaules, sur le haut de vos bras, vos avant-bras, vos poignets et vos mains, vos doigts, jusqu'au bout des doigts.

Puis revenez à votre cou, votre visage.

Et soyez certain d'inclure toutes les parties de votre visage : votre front, vos sourcils, vos yeux, votre nez, vos joues, votre bouche, vos oreilles.

Apportez votre conscience à votre cerveau qui se trouve juste derrière vos yeux et qui est le centre de votre tête.

Inspirez et apportez de l'oxygène, de l'énergie dans le centre de votre tête et dites-vous

« Je suis conscient, je suis alerte, je suis attentif. »

En restant en contact avec l'ensemble de ces sensations physiques toujours en inspirant et en expirant à l'intérieur de votre corps, repartez de vos pieds, connecté à votre ventre, votre centre, connecté à votre cœur, connecté à votre tête.

Puis devenez conscient de tout l'espace en dessous de vous et imaginez que sous vos pieds, la connexion se fait jusqu'au centre de la terre.

Continuez à inspirer et expirez calmement.

Puis imaginez que de votre tête, c'est comme si vous vous étiriez jusqu'au ciel, comme si la connexion était de votre tête jusqu'au ciel.

Connexion de la terre à vos pieds, de vos pieds à votre centre (votre ventre) de votre centre à votre cœur, de votre cœur à votre tête, de votre tête vers le ciel.

En sentant cet espace, ressentez tout l'espace sur votre gauche, tout l'espace sur votre droite, l'espace devant vous et derrière vous sans limite.

Ressentez la profonde connexion de cet environnement tout autour de vous, ce champ immense.

Soyez conscient de cette vaste zone de ressources autour de vous, disponible à l'extérieur de vous et disponible à l'intérieur de vous, et dites-vous « Je suis connecté ».

Cet état de connexion dans lequel vous vous êtes peut être retrouvé à plusieurs moments dans la journée, les yeux fermés mais également les yeux ouverts.

Il s'agit vraiment d'une pratique quotidienne qui peut vous permettre de rester connecté au plus profond de votre être intérieur.

Inspirez et expirez profondément en ressentant toutes ces sensations à l'intérieur de votre corps, dans cet espace plus vaste.

Nous vous invitons maintenant à prendre une grande inspiration et commencez par bouger vos pieds, vos orteils, à étirer vos bras, vos mains.

Commencez à bouger votre cage thoracique.

Commencez à réveiller votre corps, à vous étirer et à prendre une grande respiration.

Et quand vous le sentirez, ouvrez les yeux.

Prendre une grande respiration et ouvrir les yeux.

En gardant ce calme tout à l'intérieur de vous.

Centré
Ouvert
Alerte, conscient, attentif
Connecté
Et Hospitalier, prêt à accueillir tout ce qui vient ou viendra dans votre journée en vous et à l'extérieur de vous.

Protocole 2 guidance ÉTAT COACH

Guidance les trois graines, par Martine Faye (chaîne YouTube Rebond Génératif)

Prenez un temps pour vous, un temps de pause, un temps de dépose et de repos.

Je vous invite à un voyage, à un moment pour vous apporter une parenthèse de bien-être et de détente.

Installez-vous dans un lieu où vous vous sentez confortable et tranquille.

Vous pouvez-rester assis, debout ou couché.

Vous pouvez également fermer les yeux ou garder les yeux ouverts en regardant un point fixe vers le sol.

Respirez, mettez-vous en état de centrage, en inspirant et en expirant :

Ressentez vos pieds sur le sol, la connexion jusqu'au centre de la terre, la connexion du sommet du crâne jusqu'au ciel, inspirez et expirez calmement, inspirez en gonflant le ventre et expirez en vidant le ventre de son air, ressentez votre centre et dites-vous intérieurement : « Je suis centré ».

Puis apportez votre conscience en haut de votre poitrine, relâchez les épaules, ressentez cette ouverture au niveau du cœur, ouverture à donner, ouverture à recevoir et dites-vous intérieurement : « Je suis centré », « Je suis ouvert », ensuite, apportez votre conscience au niveau de la tête et dites-vous : « Je suis conscient », « Je suis alerte, attentif, curieux », « Je suis connecté » à toutes mes ressources et prêt à accueillir tout ce qui vient.

*On peut imaginer que vous prenez là juste devant vous, tout en bas, une jolie graine, une graine de **tranquillité**, prenez-la entre votre pouce et votre index, imaginez sa couleur, sa texture, sa taille, elle peut avoir la forme que vous voulez lui donner. Cette graine représente la tranquillité. Et puis montez tout doucement cette graine jusqu'au sommet de votre crâne, très, très doucement, cette graine de tranquillité que vous sentez qui monte tout le long de votre corps, jusqu'au sommet de votre crâne.*

Vous pouvez voir la couleur, la texture, la forme de cette graine de tranquillité.

Et quand vous arrivez au sommet de votre crâne, vous lâchez cette graine, comme, si elle descendait tout au long de votre corps et vous lâchez votre main en la laissant redescendre devant votre visage, votre corps. Et au fur et à mesure que votre main redescend lentement, vous ressentez cette tranquillité d'esprit, tranquillité du corps, tranquillité, tranquillité, tranquillité, tranquillité du corps, tranquillité.

*Et puis, vous prenez une nouvelle graine, cette fois-ci une graine de **silence**, silence pour apaiser votre esprit, que vous montez encore plus doucement, une graine à laquelle vous donnez une couleur, une forme, une texture, une graine de silence qui va apaiser votre esprit. Une graine que vous montez jusqu'au sommet de votre crâne et que vous allez lâcher et quand vous la lâchez, elle pénètre dans votre tête, doucement, silence, silence,*

silence dans l'esprit, silence dans votre corps, silence au fur et à mesure que votre main descend… silence.

Et puis, vous allez prendre une dernière graine, une graine d'espace, une graine à laquelle vous allez donner une couleur, une forme, une texture, tout doucement vous montez cette graine. Cette graine d'espace contient quelque chose de spacieux, espace à l'intérieur de vous, espace devant vous, espace derrière vous, espace autour de vous. Vous lâchez cette graine juste au sommet de votre crâne et vous sentez doucement en passant votre main devant votre visage et en la descendant tout au long de votre corps, vous sentez l'espace à l'intérieur de vous, devant vous, autour de vous, sentez l'espace, ressentez l'espace, espace, espace.

Et lorsque vous serez prêts, seulement lorsque vous serez prêts, je vous invite à ouvrir les yeux. Vous pouvez vous exercer à cette pratique à chaque fois que vous éprouvez le besoin d'être détendu, relaxé.

« Une période d'échec est un moment rêvé pour semer les graines du succès. »

–Paramahansa Yogananda

3. Poser une intention positive

L'intention se pose en utilisant trois intelligences :

- Cognitive **(visuelle et verbale),**
- Somatique **(émotionnelle et dans le corps)**
- Connectée au champ

Cognitive : L'intention se pose en sept mots plus ou moins deux. Nous vous invitons à poser une intention en cinq mots. Le psychologue Georges A. Miller a publié en 1956 l'un des articles les plus cités de l'histoire de la psychologie nous précisant que la mémoire à court terme de l'humain, en moyenne, ne peut mémoriser que sept éléments, plus ou moins deux. L'objectif étant vraiment d'utiliser l'ensemble des intelligences, ce qui veut dire de calmer le mental, d'apaiser les pensées pour laisser plus de place à la connexion au corps. Notre intelligence cognitive est vitale, mais nous constatons que nous vivons dans un monde principalement cognitif où toutes les pensées deviennent automatiques. Nos pensées nous gouvernent, elles dirigent nos actions, nous focalisons sur l'avenir ou le passé, rarement sur l'instant présent. Ces pensées sont envahissantes et parfois nous sommes déconnectés de notre corps, de nos sensations et de nos émotions. Le monde dans lequel nous vivons s'accélère, nous sommes dans une évolution permanente. Dans le monde des affaires, nous sommes confrontés à une concurrence accrue, parfois une pression forte pour plus de réactivité et de résultats. Nous vivons dans un monde impermanent où la transformation est présente, et où la crise sanitaire a accéléré le processus de créativité, d'innovation et de gain de temps en entreprise. En effet, certains de nos clients font le constat d'avoir gagné cinq ans dans la transformation de leur entreprise. Une accélération, une précipitation, un bouleversement dans les habitudes et processus, dans les croyances de chacun. La crise sanitaire a bien balayé un grand nombre de nos certitudes et habitudes pour nous projeter dans le futur plus rapidement que nous l'imaginions jusqu'alors. Et pourtant, la vitesse nous éloigne de nos corps, de l'intelligence somatique. Dans ces moments, il est donc essentiel pour poser une intention positive d'utiliser les 3 intelligences (cognitive, somatique, et du champ). C'est une parenthèse pour respirer, se poser, prendre du recul, de la hauteur, d'écouter, de s'écouter, de prendre soin de soi. Cette posture calme qui prend très peu de temps va nous permettre de transformer les obstacles rencontrés et de poser une intention positive, profonde, résonnante, durable.

Retour à soi - intention pour créer un monde meilleur :

« Ce que je veux vraiment apporter dans le monde, c'est… »

« Ce que je veux vraiment apporter dans ma vie, c'est… »

Posez-votre intention en étant relaxé, centré, ressentez-là en vous, écoutez la résonnance, la musicalité avec votre corps et votre esprit. Savourez ce moment, laissez-vous porter et imprégnez-vous de votre intention.

4. Image colorée, visuelle, symbole

Au moment où vous posez l'intention, visualisez une image qui représente celle-ci. Connectez-vous à vos 5 sens : voyez ce que vous voyez, entendez ce que vous entendez et ressentez ce que vous ressentez. Cette image peut être colorée ou non, laissez venir à vous toutes sensations pour vous replonger dans ce moment. Il s'agit d'un instant sans contrainte et pour cela laissez venir à vous l'image ou le symbole qui représente votre intention. Cette image peut être un paysage, un lieu, la nature, une personne, un souvenir, un objet ou un animal… Chaque expérience de ce moment est unique et tellement singulière. Tout ce qui vient à vous est juste et a forcément un sens, un message à vous transmettre. Laissez-vous surprendre par toute image ou tout symbole inattendu qui seront présents à cet instant, rien n'arrive par hasard. À travers notre expérience, nous avons constaté que tout est possible, que tout peut arriver et que l'étonnement et la surprise sont souvent au rendez-vous.

Sentez-vous libre de vivre un moment hors du commun et laissez émerger ce qui vient à vous. Appréciez cet instant, tranquillement.

5. Geste Somatique qui représente l'intention

Connectez-vous à votre corps et laissez émerger le geste qui représente votre intention. Il ne s'agit pas de faire un geste pour faire un geste, mais d'une connexion profonde à son intelligence somatique où le corps s'exprime. Tout est mouvement. Le mouvement de nos corps, le mouvement de nos vies, le mouvement en nous et celui de la terre, autour de nous. Il y a plusieurs façons de bouger et chaque être est unique dans son propre corps et dans sa propre expression de lui-même. Chaque être a sa propre énergie, car elle est unique.

Cette pratique somatique (mouvements corporels) permet de se connecter à toutes les parties de notre corps, à nos émotions, d'apporter de la conscience à tout ressenti, de calmer le système nerveux et d'avancer de manière plus confiante vers son être authentique.

Les processus de transformation commencent avec le fait de se centrer, et se reconnecter à soi, à son corps, en lui apportant toute la curiosité nécessaire par le mouvement et la pleine conscience. Développer un sens profond de connexion avec son corps, c'est une base fondamentale de toutes nos relations dans le monde, et cela commence par nous-mêmes.

À travers l'exploration de votre corps par le mouvement et la musique si vous en avez besoin, de nouvelles possibilités de présence à vous-mêmes et aux autres émergeront. Laissez-vous porter dans un voyage pour pénétrer dans le royaume de l'univers somatique, (re)-découvrir votre corps dans sa globalité, dans son aptitude à bouger, pour ouvrir de nouvelles expressions de vous-mêmes afin d'avancer dans le monde.

Il s'agit d'un voyage, à son rythme, à la découverte de soi. Au-delà des mots et de l'image, ce geste somatique vous permettra de renforcer la connexion à votre intention pour l'incarner véritablement.

Où est l'endroit où vous ressentez le plus la connexion à votre intention ? Votre tête ? Votre cœur ? Votre ventre ?

Laissez émerger le mouvement somatique qui représente votre intention et ressentez la gratitude qui vient à vous. C'est ce que nous avons expérimenté chaque jour pendant le confinement et qui nous tient à cœur de partager avec vous.

NOTRE EXPÉRIENCE PENDANT LE CONFINEMENT

Durant 50 jours, nous avons posé une intention quotidienne qui nous a permis de vivre le chaos de ce confinement et de transformer les obstacles que nous rencontrions comme tous les humains de cette planète.

Ces intentions du jour nous ont permis de soutenir notre intention de vie, notre voyage du héros qui peut être ignoré parfois, mais qui sommeille profondément en nous et qui ne demande qu'à être réveillé.

Chaque jour après notre rituel quotidien (état COACH, yoga, les trois graines, méditation, promenade dans la nature…) nous avons partagé notre intention avec une image qui la représente et un geste somatique. Pour cette pratique, si vous souhaitez poser cet instant sur papier, nous vous invitons à choisir un joli carnet que nous appellerons « la puissance de l'intention ». Chaque jour, notez votre intention, dessinez ou imprimez et collez votre image ainsi que le geste somatique. Cette pratique quotidienne vous permettra de vous relier en permanence à votre intention et de prendre conscience du chemin parcouru jour après jour. N'hésitez pas à vous connecter à cette intention, image et geste plusieurs fois par jour, tout au long de la journée. Vous pourrez constater que votre intention peut évoluer au fur et à mesure du temps (modification du geste somatique, émergence de nouvelles images ou ressources, des mots).

Il s'agit d'une pratique quotidienne, une discipline, qui a pour racine disciple. Un disciple est une personne qui reçoit l'enseignement d'un maître. Dans ce rituel quotidien ce rendez-vous avec soi-même est un acte d'amitié envers vous-même et le maître, c'est vous. Il s'agit de s'accorder du temps, pour prendre soin de soi en pleine conscience. Savourer l'instant présent. Poser une intention chaque jour en étant dans la conscience de ce que vous faites, pensez, ressentez, voyez, entendez. Cela vous déconnecte des gestes et des pensées automatiques de chaque instant pour vous reconnecter à votre désir le plus profond. C'est un engagement envers vous-mêmes à pratiquer au moins 45 minutes par jour en étant focalisé sur votre intention positive. Cela permet une connexion tout au long de la journée et vous cheminez avec conscience vers votre destination. Cette destination n'est pas fixe, elle peut fluctuer au fur et à mesure de vos journées. La connexion consciente à votre intention devient un automatisme qui vous relie à votre être le plus profond, dans vos désirs, dans votre puissance, dans votre authenticité.

Parfois si vous avez un choix à faire, une décision à prendre et que vous ne savez pas comment procéder, laissez-en suspend votre intention, comme si le temps s'arrêtait, et attendez que les réponses viennent à vous comme des cadeaux surprenants. Pour cela, prenez entre votre pouce et votre index une graine imaginaire dans laquelle vous posez votre question, mettez-vous en état COACH, transportez cette graine dans votre cœur, déposez-la délicatement en reposant la question à voix basse, laissez cette graine germer, et la réponse viendra à vous sans que vous vous y attendiez. Ces moments de réponses sont toujours surprenants.

Votre pratique quotidienne prend alors tout son sens.

> *« Nous pouvons changer le monde et en faire un monde meilleur. Il est entre vos mains d'en faire la différence. »*
> –Nelson Mandela

Les essentiels à retenir :

- Créer un monde meilleur
- Poser une intention positive chaque jour
- Associer une image colorée
- Ajouter un geste somatique

"For a new beginning"
« Pour un nouveau commencement »
de John O'Donohue

Dans les endroits reculés du cœur,
Où les pensées ne pensent jamais à s'aventurer,
Le commencement s'est tranquillement formé,
Attendant que tu sois prêt à émerger.
Depuis longtemps, il a observé ton désir,
Ressentant le vide grandissant en toi,
Remarquant comment tu t'encourageais,
Encore incapable de quitter ce qui ne t'allait plus.
Il te regardait jouer avec la séduction de la prudence,
Et les promesses grises que la monotonie chuchotait,
Entendaient les vagues du tourment s'élever et s'apaiser,
Et se demandaient si tu vivrais toujours ainsi.
Puis le délice, quand ton courage s'embrasa,
Et que tu t'engageas sur un nouveau terrain.
Tes yeux rajeunis avec de l'énergie et du rêve,
Un chemin de plénitude s'ouvrant devant toi.
Bien que ta destination ne soit pas encore claire,
Tu peux faire confiance à la promesse de cette ouverture ;
Déploie-toi dans la grâce du commencement,
Qui ne fait qu'un avec le désir de ta vie.
Éveille ton esprit à l'aventure ;
Ne retiens rien, apprends à trouver de l'aisance dans le risque ;
Bientôt tu seras chez toi dans un nouveau rythme,
Car ton âme pressent le monde qui t'attend.

Chapitre 3
DÉVELOPPER UN ÉTAT GÉNÉRATIF : CRÉER UN CHAMP DE RESSOURCES

QU'EST-CE QU'UNE RESSOURCE ?

Par définition, c'est ce qui nous ressource, comme aller à la source, ou revenir à la source. Cette ressource est un moyen qui nous permet d'améliorer une situation vécue comme difficile, délicate, inconfortable ou intolérable.

Les ressources sont de plusieurs ordres : une compétence, un comportement adapté, un ami, la famille, la nature, les 5 éléments, (l'eau, la terre, l'air, le feu et l'espace) des mentors qui nous inspirent, des exemples de la vie imaginaire ou réelle, des animaux, des héros, des personnes qui sont chères à notre cœur (et même si elles ne sont plus en vie), nos aïeux, des personnes qui nous ont marquées, soutenues lors de notre vie, un voyage mémorable, une image colorée ou métaphorique, un lieu magique, une musique, un rêve, un symbole, un geste somatique, tout ce qui nous procure le bien-être dont nous avons besoin.

La ressource nous permet de regagner en énergie. Chaque jour, notre cerveau consomme 20 % de notre énergie, ce qui nous amène à ce besoin essentiel quotidien. Pour chacun, il est intéressant de savoir ce qui nous permet de regagner en énergie, et les moyens peuvent varier complètement d'une personne à l'autre.

Voyons ensemble les différentes façons de se ressourcer, de regagner en énergie, c'est là où votre intention prendra toute sa valeur, sa pleine puissance.

LES 3 CONNEXIONS POSITIVES

1. **La première c'est la connexion à son intention positive,** telle que nous l'avons décrite dans le 2ème chapitre : succincte, 5 mots ou moins, résonnante.

2. **La deuxième c'est la connexion à soi-même**, à son centre, à son corps, (où est-ce que vous sentez le plus la connexion profonde à votre corps ?) et l'état COACH est l'étape fondamentale pour aider à revenir en nous.

3. **La troisième c'est la connexion au champ**, (quelles connexions vous aideraient le plus à réaliser votre intention ?) à quelque chose de plus grand que soi, au-delà de nous, comme un Holon (*cf.* Chapitre 1) appartenant à un tout beaucoup plus grand. Par exemple, vous êtes en train de lire ce livre chez vous, dans la pièce qui fait partie de votre lieu d'habitation, votre ville qui elle-même appartient à un pays, la France, qui fait partie de l'Europe, qui elle-même fait partie de l'occident, qui fait partie du monde, ce monde qui fait partie de la terre, la terre de l'univers, notre univers parmi d'autres galaxies, qui elles-mêmes font partie de l'infini. Nous parlons alors de champ quantique, le champ de l'inconscient créatif, celui des infinies possibilités, puisque nous sommes tous reliés à quelque chose de plus grand que nous qui nous permet d'accéder à un champ de ressources infinies. C'est la raison pour laquelle ces ressources ne sont pas uniquement conscientes, cognitives, elles viennent à nous ; comme si elles émergeaient sans que nous soyons capables de dire consciemment d'où elles viennent. « Nous avons toutes les ressources en nous » est un présupposé en Programmation-Neuro-Linguistique, et cette connexion à quelque chose de plus grand que nous, permet de faciliter leur émergence. Nous pouvons développer cet état d'ouverture, de curiosité, d'une conscience sans contenu (état second comme un état de transe comme lorsque vous êtes perdus dans vos pensées et que vous ne savez plus où vous êtes, comme un enfant qui joue dans son monde imaginaire, comme lorsque vous conduisez une voiture, perdu dans vos pensées et vous réalisez là où vous êtes après un moment, quand vous faites une activité de plaisir et de détente comme le jardinage, la cuisine, quand vous dansez…) qui permet l'accès aux ressources de manière profonde, intense et durable pour éveiller notre puissance intérieure.

La plupart des gens connaissent cet état dans des circonstances particulières, telles que la méditation, dans la nature, la lecture, l'art ou encore l'état COACH. Nous avons tous vécu ces moments d'illuminations, d'étincelle, d'éclair, de lueur qui brille, de scintillement… ces mots qui sont universels et qui existent dans toutes les langues, le fameux Euréka, « Ah-ah !! » cette lumière qui s'illumine pour nous permettre d'accéder à une ressource qui est exactement celle dont nous avons besoin pour avancer vers notre chemin.

RYTHME, RÉSONANCE, RÉPÉTITION

Lorsque nous exprimons notre intention, il est important de ressentir la façon dont elle résonne en nous, dans notre corps. Le corps humain est doté d'un pouvoir extraordinaire : la connexion aux sensations et aux émotions de notre corps, des signaux non-verbaux qui, comme des antennes, nous alertent et nous guident lorsque c'est nécessaire. Encore faut-il être connecté à son corps, relié au mouvement et dans un état qui nous permet de les identifier. Comme nous l'avons déjà évoqué, tout est mouvement.

Dans ce monde très cognitif et en mutation permanente, chacun peut ressentir le besoin de revenir à l'essentiel, de prendre le temps de revenir à soi. Après la crise sanitaire du Covid-19, cela a permis à certaines personnes de prendre conscience qu'elles se sentaient bien chez elles, dans leur environnement, et qu'elles n'avaient plus envie de sortir travailler ou faire des soirées à l'extérieur. Le retour à soi et la connexion à la nature est redevenu essentiel. L'envie de vivre sa vie telle qu'on aurait envie de la vivre avec le moins de contraintes possibles. Une prise de recul généralisée de répondre à nos besoins et une prise de conscience sur les exigences de notre société.

Cette pratique d'état COACH permet de se connecter à toutes les parties de son corps, à ses émotions, d'apporter de la conscience à tout ressenti, de calmer le système nerveux et d'avancer de manière plus confiante vers son être authentique.

Les process de transformation commencent avec le fait de se centrer, et se reconnecter à soi, à son corps, en lui apportant toute la curiosité nécessaire par le mouvement et la pleine conscience. Développer un sens profond de connexion avec son corps, c'est une base fondamentale de toutes nos relations dans le monde, et cela commence par nous-mêmes.

À travers l'exploration de votre corps par le mouvement (et la musique, si vous le souhaitez), de nouvelles possibilités de présence à vous-mêmes et aux autres ; vous pouvez (re)-découvrir votre corps dans sa globalité, dans son aptitude à bouger, pour ouvrir de nouvelles expressions de vous-mêmes afin d'avancer dans le monde.

Il s'agit d'un voyage, à votre rythme, à la découverte de soi. Tout est histoire de Rythme, de Résonance et de Répétition.

- **Le Rythme, c'est un retour à intervalles réguliers qui permet un repère constant. Chaque individu a son propre Rythme, une certaine musicalité.**

- **La Résonance, c'est le fait de porter son attention à son expérience émotionnelle, à ses ressentis dans le corps, pour s'assurer que l'intention est juste pour nous. Ce qui est « juste » est ce qui convient à soi-même et tel qu'il doit être.**

- **La Répétition permet l'ancrage de l'intention et de son évolution.**

La réalisation de l'intention repose sur ces trois R : Rythme, Résonance, et Répétition.

Alors, nous pouvons voir comment notre intention résonne en nous au niveau de notre tête, au niveau cognitif, au niveau de notre cœur, relié à notre être profond, et à notre ventre, (le 2ème cerveau selon les dernières études scientifiques).

> *« Va lentement. Ne te hâte pas. Chaque pas te mène au meilleur instant de ta vie : l'instant présent. »*
>
> –Thich Nhat Hanh

Retour à soi - connexion :

Lorsque nous exprimons notre intention, il est important de ressentir la façon dont elle résonne en nous, dans notre corps. Le corps humain est doté d'un pouvoir extraordinaire : la connexion aux sensations et aux émotions de notre corps, des signaux non-verbaux qui, comme des antennes, nous alertent et nous guident lorsque c'est nécessaire. Encore faut-il être connecté à son corps, relié au mouvement et dans un état qui nous permet de les identifier. Comme nous l'avons déjà évoqué, tout est mouvement.

> *Sur une échelle de 1 à 10 à combien vous sentez vous connecté, à votre tête, à votre cœur, à votre ventre, (votre centre) ?*
>
> *Où dans votre corps, ressentez-vous le plus profondément la connexion ?*

Le niveau d'intensité requis est de 7, en dessous, nous vous invitons à y associer des ressources pour renforcer votre connexion.

Quelles connexions (ressources positives : personnes, lieux, objets, aptitudes, ancêtres etc...) vous aideraient le plus à atteindre votre intention ?

Explorez dans le champ de ressources tout ce qui émerge et vient à vous.

Laissez venir à vous le geste somatique qui représente cette ressource et intégrez la dans votre corps. Pour intégrer la ressource, vous aurez besoin de la ressentir. Prenez votre temps. Elle peut se situer dans votre corps tout entier ou juste dans une partie, un endroit précis ou subtil. Soyez à l'écoute. Respirez. Connectez-vous.

Où ressentez-vous dans votre corps la connexion à cette ressource ?

À quel endroit précisément ?

Faites le geste qui représente la ressource, ralentissez le mouvement et amplifiez-le avec générosité.

Visualisez une image colorée, métaphorique qui, peut-être, représente cette ressource.

Restez connecté à votre intention, à votre centre et à tout ce qui vous soutient le plus longtemps possible.

Pratiquez quotidiennement pour développer cet état interne et faire évoluer votre intention vers votre futur.

Pour renforcer l'intégration de la ressource et accéder à d'autres ressources, nous pouvons additionner la connexion aux énergies archétypales.

LES ÉNERGIES ARCHÉTYPALES

L'archétype est un concept appartenant à la psychologie analytique élaborée par le psychiatre suisse Carl Gustav Jung (1875-1961). Il définit la tendance humaine à utiliser une représentation donnée, un thème universel structurant la psyché, commun à toutes les cultures, représenté par des formes symboliques diverses.

L'archétype est pour la psychologie jungienne un processus psychique fondateur des cultures humaines car il exprime les modèles de comportements et de représentations issus de l'expérience humaine à toutes les époques de l'histoire, en lien avec le concept de l'inconscient collectif. L'inconscient collectif est un concept qui désigne les fonctionnements humains liés à l'imaginaire qui influencent et conditionnent les représentations individuelles ou collectives.

Les archétypes apparaissent dans les mythes, mais aussi dans les rêves. Ils sont caractérisés fondamentalement par un symbole de type universel avec une énergie, ils conditionnent les schémas de pensées, de perceptions et d'actions et servent donc de modèle idéal à une personne ou un groupe.

Voici les 12 archétypes les plus connus, parmi les 50 déclinaisons de ces archétypes selon Carl Gustav Jung :

1. L'innocent
2. L'orphelin
3. Le magicien, le guérisseur
4. L'amoureux
5. Le bouffon, le fou du roi
6. Le brigand, le hors-la-loi, le rebelle
7. L'explorateur ou le pionnier
8. Le créateur
9. Le guerrier ou le héros
10. L'ange gardien
11. Le sage
12. Le roi/la reine ou le souverain/le dirigeant/le leader

Nous parlerons essentiellement de l'équilibre de trois archétypes : Le Guerrier, L'Amoureux, le Bouffon/Fou du roi qui représentent les trois énergies ; la force, la douceur, et l'espièglerie.

LA FORCE

Il s'agit de la force dans le bon sens du terme à savoir : la détermination, la volonté, la puissance intérieure, la capacité de l'esprit à agir, l'ancrage, une force profonde connectée au corps. La force est nécessaire pour rester engagé et fixer des limites.

La force sans compassion, sans douceur et humour peut devenir violence et agression.

LA DOUCEUR

La douceur est nécessaire pour se connecter à soi, aux autres, pour avoir une plénitude émotionnelle, de la bienveillance, de l'amour inconditionnel pour donner et recevoir de manière efficace. La compassion et la douceur sans force et espièglerie peuvent devenir faiblesse et dépendance.

L'ESPIÈGLERIE

L'espièglerie, l'humour est nécessaire pour trouver de nouvelles perspectives, à prendre du recul, de la hauteur, pour dédramatiser, pour être créatif et avoir de la fluidité. Cependant, l'humour sans force et compassion peut devenir du cynisme et de la tromperie superficielle.

Nous avons tous en nous ces trois énergies archétypales. Parfois, une ou deux dominent et la dernière est quasiment absente. Nous allons rechercher l'équilibre de ces trois énergies en nous.

Comment développer une des trois énergies archétypales ou les trois à la fois pour un équilibre durable, un état optimal et un alignement complet ?

Le Tétralemme

ROI—REINE
Permission-Autorisation-Droit

L'AMOUREUX
Douceur

COACH state

LE GUERRIER
Force

MAGICIEN—BOUFFON DU ROI
Infinies possibilités-Espièglerie

TÉTRALEMME

Nous vous proposons d'explorer le : Tétralemme,

Tétra vient du grec qui signifie « quatre » et lemma signifie « proposition », il s'agit d'une notion de choix entre quatre issues, quatre possibilités.

 **Protocole 3 Tétralemme et énergies archétypales**

- *Imaginez un cercle sur le sol. Se placer au milieu du cercle et se mettre en état COACH.*

- *Établir son intention en cinq ou sept mots, rajouter l'image visuelle, symbolique ou métaphorique et le geste somatique associé.*

- *Devant vous, sur le premier point du Tétralemme, se trouve le Roi ou la Reine qui représente la permission, l'autorisation, le droit à... Derrière vous, se situe le Magicien, le Guérisseur où se trouve un champ de possibilités infinies qui représentent l'Espièglerie ; sur votre droite, se trouve le Guerrier qui représente la Force et enfin, sur votre gauche, côté cœur, se situe l'Amoureux qui représente la Douceur, la bienveillance, la compassion, la protection.*

- *Par rapport à votre intention, posez-vous la question : « De quelle énergie ai-je besoin ? », « Quelle est la ressource parmi les énergies archétypales qui m'aiderait le plus ? ». Mentalement, balayez les quatre énergies archétypales autour de vous pour vous aider à choisir.*

- *Se placer sur le point du Tétralemme sur la figure archétypale choisie dont vous avez le plus besoin. C'est comme si vous chaussiez les chaussures de cette énergie archétypale et que vous rentriez dans la peau de cet archétype. Puis, posez-vous les questions suivantes :*

- *« Qui représente cet archétype pour moi ? (un mentor, un ancêtre, un personnage historique, un personnage cinématographique, un héros, un personnage de bande dessinée, un animal, un végétal, une personne que l'on admire…).*

- *Décrivez-le : Quelle est la couleur de ses cheveux, de ses yeux ? Comment est-il habillé ? Comment se comporte-t-il ?*

- *Devenez pleinement et profondément cet archétype.*

- *Voyez ce que vous voyez, entendez ce que vous entendez et ressentez ce que vous ressentez.*

- *Y a-t-il un geste somatique associé à cet archétype ? Que fait-il ?*

- *Cet archétype se tournant vers vous au milieu du cercle, a-t-il un message à vous transmettre ? Accueillez-le.*

- *Formulez-le à haute voix en y associant le geste.*

- *Faites un état séparateur (tournez sur vous-même, secouez vos membres…) et retournez au milieu du cercle, revenez en état COACH.*

- *Recevez le message, intégrez-le dans votre corps, respirez-le, ressentez-le dans tous vos muscles, dans toutes vos cellules.*

- *Posez-vous la question, qu'est-ce que cela change pour moi, lorsque j'entends ce message ou lorsque je fais ce geste ? Qu'est-ce que je ressens de différent ? Qu'est-ce que cela permet de nouveau ?*

- *Une fois cette première séquence effectuée, posez-vous la question à nouveau pour savoir si vous avez besoin d'intégrer une autre énergie archétypale avant de cheminer vers votre intention et si tel est le cas, renouvelez l'expérience avec un autre archétype. Il est tout à fait envisageable d'aller visiter les quatre archétypes dans le Tétralemme pour une seule intention. Autorisez-vous toutes les possibilités !*

Après avoir intégré les trois connexions et les trois énergies archétypales, vous pouvez alors passer à l'action et ainsi transformer votre vision, passer du rêveur au réaliste.

« Soyez ce que vous avez toujours été. »

–Carl Jung

Les essentiels à retenir :

- Se connecter à son intention, à soi, et au champ
- Accéder à toutes ses ressources
- Ancrer son intention par le rythme, la résonance et la répétition
- Équilibrer la force, la douceur et l'espièglerie

"We Are Messengers"
« Nous sommes des messagers »
de Nick LeForce

Nous sommes des messagers.

Il se peut que nous laissions nos empreintes sur la terre, mais nous marchons dans le ciel. Notre lumière brille au-delà.

Notre propre vision, nos mots, sombrent plus profond
que notre propre sagesse.

Nous apprenons que ce que nous avons vécu avant ne détermine pas ce que nous pouvons devenir.

Et nous suivons une simple vérité du cœur :

Ce que nous voyons chez les autres, nous le réveillons en nous-mêmes.

Nous devenons ce que nous donnons au monde.

Chapitre 4
PASSER À L'ACTION

> « Notre peur la plus profonde n'est pas que nous ne soyons pas à la hauteur. Notre peur la plus profonde est que nous soyons puissants au-delà de toutes limites. Alors que nous laissons notre propre lumière briller, inconsciemment, nous donnons aux autres la permission d'en faire de même. Alors que nous nous libérons de notre propre peur, notre présence libère automatiquement les autres. »
>
> –Marianne Williamson

Après avoir intégré toutes les ressources dont nous avons besoin, nous pouvons enfin passer à l'action. Pour bon nombre de personnes, ce n'est pas toujours une évidence. La procrastination, nos saboteurs internes, nos peurs, oser être, faire, tous les obstacles se manifestent et nous empêchent d'avancer aussi vite que nous le souhaiterions. Bien souvent, lorsque nous sommes connectés profondément à notre intention, et dès lors que nous souhaitons passer à l'action, c'est à cet instant précis que surviennent différents obstacles : des obstacles intérieurs comme : les histoires que l'on se raconte à soi-même comme, « Je ne suis pas capable, ce n'est pas possible je n'y arriverai jamais, ça ne vaut pas le coup, et si je me trompe et que c'est un échec… » et des obstacles extérieurs comme votre entourage qui pourrait vous dire : « Quoi ?! Toi ? Mais c'est pas possible, ça ne va jamais marcher ! C'est trop compliqué ! Tu ne vas quand même pas quitter ton entreprise pour faire ça ! » toutes les croyances limitantes que nous évoquerons au prochain chapitre, qui nous freinent dans notre élan et nous empêchent de réaliser nos rêves. Il y a aussi les choix que nous ne faisons pas vraiment, du style : « Je vais essayer… », sans décider de le faire vraiment. Nos démons sont force de persuasion et peuvent nous convaincre de ne pas avancer. Ils lèvent leurs boucliers comme de véritables murailles qui semblent infranchissables.

Et pourtant, si nous ne passons pas à l'action, l'énergie non exprimée risquerait de se transformer en regrets. Pour illustrer ce propos, Bronnie

Ware, infirmière australienne ayant passé de nombreuses années à travailler en soins palliatifs a voulu mettre en exergue l'importance de passer à l'action et de réaliser ses rêves, même ceux qui semblent être les plus fous pour éviter d'avoir des regrets. Dans son livre The Top Five Regrets of the Dying. *« Les cinq plus grands regrets des mourants »*, elle cite par exemple : « J'aurais aimé avoir eu le courage de vivre la vie que je voulais vraiment, pas celle que les autres attendaient de moi. »

Si vous vous autorisez et osez à passer à l'action, celle-ci VOUS permettra d'exprimer votre énergie, d'apporter votre intention dans le monde et de mettre au grand jour votre puissance intérieure. Il s'agit de faire un premier pas vers le futur pour apporter maintenant ce que vous voulez apporter au monde.

Si ce n'est pas maintenant, à quel moment le ferez-vous ?

Et si ce n'est pas vous, alors qui le fera ?

LES STRATÉGIES DE CRÉATION D'UNE RÉUSSITE DURABLE

1. Maîtriser un état d'esprit optimal

L'état d'esprit positif permet les actions qui produiront le résultat attendu. Aussi, travailler sur votre état d'esprit, sur vos croyances positives, avec un dialogue intérieur optimiste sera votre premier focus. Votre corps peut presque tout faire, c'est l'histoire que vous vous racontez qui pourrait vous mettre des bâtons dans les roues. Cultivez votre motivation, votre état d'esprit positif, et tout deviendra possible. Le mental peut vous empêcher d'avancer, mais il peut aussi vous permettre d'atteindre vos objectifs.

Prenons pour illustrer cette stratégie de réussite durable un exemple probant et connu de tous dans le monde sportif : Raphaël Nadal. Il est considéré par tous les spécialistes comme le meilleur joueur de tennis au monde sur terre battue. Tennis Legend : Après le *comeback* de Rafael Nadal contre Daniil Medvedev au Masters 2019 (Il était mené 5-1, balle de match dans le troisième set et il a gagné), un journaliste a demandé à l'Espagnol en conférence de presse si ce match était un exemple à montrer aux jeunes dans les académies de tennis. Comme souvent dès qu'il s'agit de parler d'attitude, d'état d'esprit, de mental, le Taureau de Manacor a donné une réponse puissante et inspirante :

« On ne créé pas un exemple sur un jour. Être exemplaire est un travail de tous les jours. Bien sûr, il faut répondre présent et continuer à se battre, mais, pour moi, l'exemple est de ne pas casser de raquette quand vous êtes mené 5/1 dans le troisième set, de garder le contrôle quand les choses ne vont pas dans le bon sens. Il faut rester positif, rester sur le court, accepter que l'adversaire soit en train de jouer un peu mieux que vous, et accepter que vous ne soyez pas bon. Parfois, la frustration arrive quand vous vous croyez trop bon et que vous n'acceptez pas les erreurs que vous faites. C'est quelque chose qui ne m'arrive pas souvent. Je sais que je peux commettre des erreurs et, généralement, je l'accepte. Pour moi, c'est le seul exemple que je peux essayer de donner aux jeunes. Ne vous considérez pas trop bon. Acceptez les erreurs. Tout le monde en fait, et vous devez rester focus après ces erreurs. C'est la seule solution. »

Avoir de l'humilité et grandir par l'échec.

2. Créer un futur clair et attirant

Définissez et communiquez votre vision, parlez-en autour de vous, inspirez votre environnement par un objectif mobilisant et fédérateur.

Steve Jobs restera une des figures les plus emblématiques du secteur de l'informatique en réussissant à imposer au monde entier des produits et des usages innovants du Macintosh à l'iPhone. Visionnaire reconnu sur toute la planète. Il a réussi à embarquer derrière lui des foules et inspirer largement : « *Savoir qu'un jour je vais mourir est le meilleur outil au monde pour prendre des décisions qui ont orienté ma vie* ». Steve Jobs. Il a su créer sa vision autour du consommateur. Créer un monde meilleur c'est contribuer à générer quelque chose de nouveau, qui n'a jamais existé auparavant, dans l'intérêt général.

3. Établir un chemin décisif vers l'état désiré

Créez les différentes étapes vers votre état désiré, c'est-à-dire vers ce que vous voulez obtenir. Chaque étape est interdépendante l'une de l'autre. Si une étape n'est pas réalisée, vous ne pouvez pas avancer vers la suivante. Faites des petits pas. Constatez votre état présent, là où vous êtes aujourd'hui, regardez votre futur, mesurez l'écart entre les deux : ce qui vous manque, de quoi avez-vous besoin, et définissez précisément le chemin, les étapes nécessaires qui vous mèneront au résultat.

4. Réaliser un alignement interne

Demandez-vous comment votre intention, votre futur désiré résonne avec votre tête, votre cœur, votre ventre (votre centre). Est-ce que votre démarche est écologique pour vous ? Le mot écologie est un terme de la Programmation-Neuro-Linguistique qui concerne l'ensemble des conséquences positives ou négatives dans un changement à opérer pour soi, pour les autres, pour son environnement. Qu'est-ce qui vous empêcherait d'atteindre votre intention ? Qu'avez-vous à y gagner ? Que pourriez-vous y perdre ? Comment cela s'inscrit dans votre environnement ? Quels sont les comportements ou actions à mener ? Quelles sont les capacités dont vous pourriez avoir besoin ? Quelles sont les croyances ou les valeurs qui vous animent et pourraient soutenir vos actions ? Quel est votre rôle, votre mission dans ce futur désiré ? Pour quoi, pour qui réaliser votre intention ? L'alignement de ces différents niveaux logiques est important pour vous mener au succès.

5. Construire de puissants partenariats

« *Seul on va plus vite, ensemble on va plus loin.* » (Proverbe Africain.) Créez-vous un club de soutien ; à savoir des amis, de la famille, des collègues sur lesquels vous pouvez compter, avec lesquels vous pourrez partager vos avancées dans vos projets. Les partenariats peuvent également être des soutiens financiers ou des expertises que vous n'avez pas mais dont vous avez absolument besoin pour atteindre tous vos objectifs.

Selon Thich Nhat Hanh, « *Bouddha ne reviendra pas en tant qu'individu mais en tant que communauté* ». Nous vivons donc une pleine transformation qui nous invite à créer et contribuer ensemble à un monde meilleur.

6. Transformer efficacement les obstacles

L'obstacle peut bousculer nos certitudes, notre égo, et nous amener à nous remettre en question avec humilité. L'intérêt de transformer les obstacles nous permet de ne pas rester bloqué sur notre avancée et de les dépasser. Parfois, ils nous aident à revisiter nos différentes étapes, à effectuer quelques réglages nécessaires dans l'élaboration de notre projet. Même si nous les considérons comme des échecs, ils nous donnent l'occasion de nous dépasser, d'aller plus loin, et la possibilité de passer à l'étape supérieure. L'échec n'est pas une finalité indésirable. Nous avons tout un tas d'exemples en la matière : citons les vertus de l'échec de Charles Pépin avec ses exemples frappants :

« *Ce jeune Espagnol qui a échoué, c'est Rafael Nadal. Et l'histoire nous montrera ensuite que le champion final est bel et bien Nadal. En conclusion, c'est donc celui qui a subi le plus de difficultés, de revers, d'échecs qui triomphe, et de loin.* » L'échec est gage d'apprentissage, et si les échecs étaient les plus grandes réussites ? « *Ce qui nous ne tue pas nous rend plus fort.* » disait Friedrich Nietzsche, philosophe Allemand. Même si dans la pratique cela peut sembler difficile, nous pourrions citer Steve Jobs, Bill Gates, J. K. Rowling, Albert Einstein, Abraham Lincoln, Michael Jordan, Steven Spielberg et Walt Disney qui ont tous réussi après avoir rencontré de grands échecs. Leur détermination et leur persévérance les ont menés sur la voie du succès. L'important c'est de croire en sa chance et en sa capacité de réussir.

7. Faire des corrections de cap dynamiques

Pour garder le cap sur votre chemin, nous vous invitons à prendre le recul nécessaire régulièrement pour pouvoir modifier votre trajectoire, poursuivre votre route et atteindre votre destination. Imaginez que votre intention se soit réalisée. Retournez-vous et observez le chemin parcouru. Faites l'état des lieux des étapes parcourues Constatez ce qui a bien fonctionné, y a-t-il quelque chose que vous pourriez améliorer ? Mettez en place les corrections de cap dynamiques.

Nous venons d'évoquer Walt Disney dans sa réussite remarquable, et nous souhaiterions aller plus loin et partager sa stratégie modélisée par Robert Dilts.

LA STRATÉGIE DE DISNEY

L'imagineering et le chemin de réussite

Le terme *imagineering* a été inventé par Walt Disney pour décrire un processus qui permet de donner forme à ses rêves et en faire une réalité. *Imagineering* est la combinaison en anglais « d'ingénieur », et du verbe « imaginer ». Un des collaborateurs de Walt Disney introduit clairement le concept d'ingénierie de l'imagination par ces mots : « En fait il y avait trois Walt Disney différents : le rêveur, le réaliste, et le critique. Et nous ne pouvions jamais savoir à l'avance lequel viendrait à la réunion ». Lors des réunions de travail entre Walt Disney et son équipe, ils se réunissaient dans trois salles différentes. Dans chacune de ces salles, les ébauches de dessins animés étaient affichées au mur. La première salle était celle du rêveur. Celle où tout était possible, où tout pouvait être imaginé, ou tout rêve était permis. Ils emportaient ensuite leurs dessins dans la seconde pièce, celle du réaliste. Dans cette salle, les rêves étaient confrontés à la réalité. Le fait de changer de salle leur permettait de prendre l'identité du réaliste. Par exemple, dans Blanche-Neige la question se posait sur cet écureuil qui lavait son assiette avec sa queue. Était-ce vraiment réaliste de garder ce dessin animé comme tel ? Puis, Walt Disney et son équipe passaient dans la dernière pièce, la pièce du critique où ils adoptaient l'identité du critique. Ces questions avaient pour but d'élargir la vision, de s'assurer que les moyens étaient adaptés, que c'était possible et de vérifier comment c'était possible. L'ingénierie de l'imagination implique la coordination de ces trois sous-processus : le rêveur, le réaliste et le critique, qui sont tous nécessaires à la planification efficace d'un projet. Nous vous proposons d'élaborer votre vision au travers de cette stratégie :

Choisissez un projet ou une vision que vous avez en tête et répondez aux questions suivantes du rêveur, du réaliste et du critique.

Mon projet, ma vision c'est : « ... » ?

Retour à soi - rêveur :

Commençons par le Rêveur :

> Que voulez-vous créer ? Visez grand ! Tout est permis, tout est possible dans ce monde d'infinies possibilités.

> Quelle est la vision à long terme de votre projet ou de l'entreprise ?

> Quel est l'objectif du projet ou de l'entreprise ?

> Quels sont les bénéfices possibles pour les clients, les membres de votre équipe et les actionnaires ?

> Quelles opportunités, quelles offres, quels services le projet ou de l'entreprise est-il susceptible de créer à l'avenir ?

Retour à soi - réaliste :

Passons au Réaliste :

> Quel est le cadre temporel pour la mise en œuvre du projet ou de l'entreprise ?

> Qui sont les acteurs ?

> Quelle est la première étape ou l'étape suivante ?

> Qu'allez-vous mettre en œuvre spécifiquement ?

> Qu'est-ce qui montre que vous progressez ?

> Quelles sont les ressources disponibles pour ce projet ou de l'entreprise ?

Retour à soi - critique :

Terminons par le Critique :

> Quelles sont les personnes susceptibles d'être affectées positivement ou négativement par le projet ou de l'entreprise ?

> Qui sont les actionnaires/investisseurs clés ?

> Quels sont leurs besoins ou leurs attentes ?

Y a-t-il quelqu'un qui pourrait s'opposer au projet ou à l'entreprise ?

Qu'est-ce qui manque encore dans la planification du projet ou de l'entreprise ?

Quelles sont les circonstances qui vous amèneraient à ne pas mettre en œuvre le projet ou l'entreprise ?

Comment êtes-vous certains de réussir ?

Quelle est la différence qui fera la différence ?

La subtilité peut être de répondre aux questions du critique dans la posture du rêveur, ce qui permet d'ouvrir le champ des possibilités, de réponses et d'actions. Lors de ces questionnements, l'accès à votre club de soutien (concile de ressources) devient le pilier primordial pour envisager toutes les possibilités à valider, favoriser l'évolution de vos idées et de votre projet. Puis, de repasser dans la position du réaliste et à nouveau dans celle du critique. Ce cercle s'effectue jusqu'à avoir clarifié pleinement son projet/entreprise.

Après avoir répondu à l'ensemble de ces questions et clarifié votre vision, il est temps de passer à l'action. Un des outils pour faire cela est le *storyboard*.

LE STORYBOARD

Le *storyboard* est une représentation visuelle des différentes grandes étapes vers l'état désiré.

Le *storyboard* est un processus définissant un chemin tel qu'il a été développé par Walt Disney. La stratégie primaire d'*imagineering* de Disney, et son atout majeur en tant que réaliste, est la capacité de morceler et séquencer ses rêves en morceaux de taille gérable. Disney était l'inventeur du processus de scénarisation (un processus maintenant utilisé par tous les principaux réalisateurs de films). Dans la salle de l'histoire (la salle du « rêveur ») de ses studios, Disney avait disposé un mur où n'importe qui pouvait noter une idée ou une suggestion. Un jour, après avoir repeint le mur, il est entré et un groupe d'animateurs avait cloué des photos partout sur le mur fraîchement peint. Après sa surprise initiale, Disney a remarqué qu'il pouvait facilement suivre le flux de l'histoire juste en regardant la séquence d'images. Ainsi, il mit en place un panneau de liège sur les murs de la salle et établit le *storyboard* comme la principale forme de développement d'une idée.

Un *storyboard* est comme une table des matières visuelle, c'est une série de dessins fixes qui représentent la séquence des événements importants qui auront lieu pour passer de sa situation actuelle au résultat souhaité. Le processus *storyboarding* est un moyen très puissant d'organisation et de planification de ce qui est particulièrement important pour passer à l'action en direction d'un état désiré.

Pour faire votre propre *storyboard*, examinez les réponses que vous avez apportées aux questions *imagineering* dans la section précédente.

Pour élaborer les étapes majeures de votre projet, utilisez les cadres suivants :

1. **Dessinez des images représentant les principales étapes du chemin nécessaire pour atteindre votre état désiré.**

2. **Donnez-leur un titre ou ajoutez tous vos commentaires dans les espaces sous les cadres.**

« Mon intention est d'écrire un livre sur le Changement Génératif. »

« J'ai le soutien de mes mentors. »

« Je peux transformer mes croyances limitantes. »

« J'écris mon livre et le relecteur me félicite. »

« J'écoute mon cœur, je me connecte à mon état COACH et à mes resources. »

« Super, je l'ai fait !! »

Rebond Génératif

Il est souvent utile de commencer par remplir en premier la dernière image qui représente le rêve ou l'état souhaité. Ensuite, remplissez la première image représentant l'état actuel ou de départ, puis celles entre l'état présent et l'état désiré. Cet exercice vous aidera à relier les étapes entre elles.

Nous avons évoqué précédemment l'alignement interne par le biais des niveaux logiques. Nous souhaitons ici présenter le modèle. En tant que Coach, quel que soit le projet ou la problématique en question, personnelle ou professionnelle, nous utilisons systématiquement ce concept qui apporte une véritable structure pour aller vers tout changement ou transformation.

LES NIVEAUX LOGIQUES DE ROBERT DILTS

Les niveaux logiques sont représentés sous la forme d'une pyramide.

Six niveaux la composent : l'environnement, les comportements, les capacités, les croyances et les valeurs, l'identité et la raison d'être.

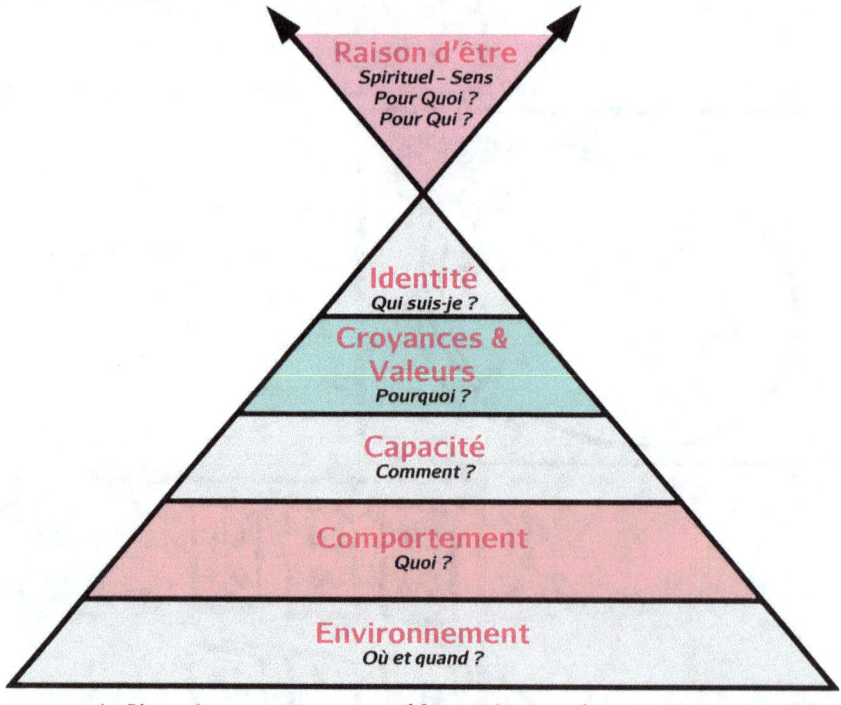

1. L'environnement détermine les opportunités extérieures ou contraintes auxquelles une personne doit répondre. Concerne le Où et le Quand – nous créons un contexte ;

2. Les comportements concernent les actions ou les réactions spécifiques faites par une personne dans cet environnement. Concerne le Quoi - *engage les actions des personnes et le corps* ;

3. Les capacités orientent et donnent la direction, l'énergie vers des actions comportementales à travers une carte mentale, un plan ou une stratégie ; Concerne le Comment – *engage les stratégies des personnes et leur intelligence cognitive et émotionnelle.*

4. Les Croyances et les Valeurs renforcent la motivation, l'inspiration, l'enthousiasme et la permission, l'autorisation, les capacités de soutien ou d'inhibition. Concerne le Pourquoi – *engage le cœur des personnes.*
Les identifier permet de développer la mission et le rôle d'une personne dans l'étage au-dessus de l'identité.

5. L'Identité concerne le Qui – *engage le sens de soi, des personnes*. La contribution unique. L'objectif implique la reconnaissance de systèmes plus grands auxquels chaque individu appartient.

6. La Raison d'Être concerne le pour Qui et le pour Quoi d'autre – *engage le sens de la vision des personnes et l'ambition.*

Exemple :

Environnement : « Je suis dans une entreprise de formation en pleine transformation, évolution mais dans un contexte où j'ai besoin de composer avec l'histoire de la construction de cette belle entreprise et son avenir. »

Comportement spécifique : « Je mets en œuvre plusieurs projets à la fois, j'agis pour que l'avenir de mon entreprise se réalise et parfois je procrastine mes tâches. »

Capacité : « Je priorise et je continue à faire de la formation et en même temps, je fais des RV commerciaux, je n'arrive pas toujours à me concentrer, mais je sais stratégiquement ce que je veux et j'ai les compétences pour le créer »

Croyance-Valeurs : « Je crois que je suis tout à fait capable de le faire, et que j'y arriverai car j'ai toujours réussi ce que j'ai entrepris. Et la valeur travail est importante pour moi. »

Identité : « Je suis comme une fusée, d'une vitesse incroyable et c'est pour cette raison que j'arrive à réaliser tout ce que je fais. »

Raison d'être : « Je fais tout cela pour contribuer à un monde meilleur, pour être dans ma vie, pour laisser une trace aux gens que je croiserai sur mon chemin. »

Dans un système efficace, les actions et les résultats des individus dans leurs micro-environnements sont alignés avec leurs stratégies et leurs objectifs.

Ces objectifs, à leur tour, sont en accord avec l'identité et la mission du système par rapport à l'environnement macro.

Sur le plan personnel, une personne saine et efficace est celle dont les propres actions sont alignées avec ses capacités, ses croyances, ses valeurs et son sentiment d'identité ou sa mission. Le concept de différents « niveaux » de changement nous fournit une feuille de route puissante pour aligner les différentes dimensions de nous-mêmes afin de réaliser nos objectifs et notre vision.

Retour à soi - alignement personnel :

Le processus d'alignement personnel :

Où et quand ai-je besoin d'être plus aligné ?

Quels comportements spécifiques puis-je adopter pour être plus aligné ?

Quelles capacités m'aideraient à être plus aligné ?

Pourquoi je veux être plus aligné ? Quelles croyances et valeurs m'aideraient à être plus aligné ?

Qui serai-je si je devenais plus aligné ?

Quelle est ma mission ?

Quelle est ma vision ?

Pour quoi, pour qui cela m'aiderait-il à être plus aligné ?

Tracer la voie de la Vision à l'Action pour vos projets professionnels :

1. Quelles sont votre vision et votre ambition ?
2. Quels sont votre rôle et votre mission en ce qui concerne cette vision et cette ambition ?
3. Quelles valeurs et croyances vous motivent-elles pour accomplir ce rôle et cette mission ?
4. Quelles capacités sont nécessaires à la réalisation de votre rôle et de votre mission ? Lesquelles avez- vous ou lesquelles devez-vous développer ?
5. Quels comportements spécifiques et étapes dans l'action doivent être adoptés pour réaliser votre vision et votre ambition ?
6. Quelles opportunités environnementales et contraintes devrez-vous saisir ou affronter pour atteindre votre vision et votre ambition ?

À ce stade, il vous suffit de vous concentrer sur les éléments essentiels ou sur les étapes les plus importantes qui seront nécessaires pour passer de l'état actuel à l'état désiré.

Pour passer de l'état présent à l'état désiré, nous allons travailler une ligne de temps. Avant de vous présenter ce protocole, nous vous invitons à vous familiariser avec les techniques de visualisation.

LA VISUALISATION

La visualisation permet d'atteindre un objectif, de se préparer mentalement à une action à mener, une situation à vivre, une émotion ou une sensation à ressentir, des changements à opérer, ou des nouveaux comportements à développer. Elle renforce la capacité à croire que c'est possible en agissant également physiologiquement. Il s'agit d'une technique créative qui permet d'élargir le champ des possibles sans rester dans une pensée unique et cognitive.

La visualisation est un outil puissant qui fait partie du développement personnel, une technique, une capacité mentale très créative, qui permet de se représenter un futur désiré. L'atteinte d'un objectif est « visualisée », ainsi que ses différentes étapes, une idée, une situation, une sensation, une émotion, un son, un objet. Cette représentation, selon son intensité permettra de déclencher des effets physiologiques comme s'il s'agissait de la réalité. On visualise son objectif, ses étapes, pour atteindre le résultat escompté. C'est une technique couramment utilisée dans le monde sportif, où l'atteinte de la performance désirée est imaginée au préalable pour se préparer mentalement pour la compétition réelle. Le cerveau ne fait pas de différence entre ce qui est imaginé et ce qui est réel. Les neurosciences ont démontré que la perception visuelle et l'imagination solliciteraient les mêmes zones du cerveau. Le pouvoir de l'imagination est un des pouvoirs les plus merveilleux. Nous possédons tous ce pouvoir insoupçonné !

En tant que coach, formatrices, nous utilisons quotidiennement ces techniques pour permettre d'atteindre des objectifs visés par nos clients. Les grands leaders utilisent aussi la visualisation pour faire grandir leurs rêves qui deviennent leur vision et se transforment ensuite en mission, puis en ambition, en actions concrètes pour se réaliser.

En visualisant de façon positive un événement, cela aide à aborder avec plus de confiance et de manière plus détendue la performance visée (par exemple, une prise de parole en public, l'atteinte d'un objectif, une participation à une réunion importante, une présentation d'un projet auprès des clients…).

Nous la pratiquons en séance collective au sein des entreprises avec lesquelles nous travaillons, sous forme d'exercice guidé. Cela permet aux différents individus d'aligner par exemple leur vision, et/ou de co-construire une vision partagée. En groupe, nous pouvons aussi travailler sur un projet, une entité, une organisation, une meilleure collaboration entre les équipes, la performance.

 Protocole 4 La visualisation

Étape 1 Vous préparer : faites le calme en vous et autour de vous :

Choisissez un endroit calme. Éloignez-vous de toute source de distraction ou de bruits (téléphone, télévision.). Installez-vous confortablement dans un fauteuil, ou si vous le préférez, vous pouvez aussi rester debout. Relaxez-vous, respirez profondément à plusieurs reprises. Libérez-vous de toute tension, sentez-vous décontracté et centré en vous-même. Fermez les yeux, et imaginez un lieu où vous vous sentez libre, heureux, serein (ce dont vous avez besoin à cet instant).

Étape 2 Imaginez l'atteinte de votre objectif :

Construisez mentalement votre film. Un résultat professionnel important, un événement dans votre vie, une meilleure relation entre collègue, une sensation, une émotion que vous souhaiteriez ressentir. Concentrez-vous sur l'aspect visuel. A quoi cela ressemble-t-il ? Que voyez-vous ? Décrivez cette situation comme si elle était réelle, comme si elle se produisait à ce moment-là.

Étape 3 Expérimentez et renforcez votre visualisation :

Décrivez les couleurs de ce que vous voyez, la taille, les formes précises, les aspérités, les reliefs, les mouvements, les habits s'il y a des personnes dans votre image, la texture, si c'est brillant ou mat, la distance de l'image et des objets qui la composent (est-ce loin ? près ?), la localisation, aucun détail ne vous échappe. Et puis écoutez. Qu'entendez-vous quand vous regardez cette image ? Y a-t-il des sons ? Le volume des voix est-il élevé ? Faible ? Quel est le rythme de ce que vous entendez ? Quelles sont vos émotions ? Est-ce aigu ou grave ? Et si vous rajoutiez les sensations ? Que ressentez-vous en voyant cette image ? Y a-t-il des mouvements ? Est-ce lourd ou léger ? Dur ? Rocailleux ? Lisse ? Y a-t-il de la pression ? De la tension ? Une chaleur ? Que ressentez-vous dans votre corps en visualisant cette image ? Où est-ce que cela se situe dans votre corps ? Et puis y a-t-il des odeurs associées à cette image ? (On sait que l'odorat est notre plus grande mémoire). Nous explorons dans l'étape 3 les canaux sensoriels appelés VAKOG (Visuel, Auditif, Kinesthésique, Olfactif, Gustatif) utilisés en Programmation-Neuro-Linguistique afin de renforcer la force de l'image visualisée.

Étape 4 Analysez et agrémentez votre visualisation :

Voyez ce que vous voyez, entendez ce que vous entendez, ressentez ce que vous ressentez. Vivez cette expérience intérieurement et extérieurement : votre vision est-elle proche de votre objectif ? De celle réellement souhaitée ? Nous avons par habitude de nous auto-limiter, sans vraiment croire que nous pouvons l'obtenir. Alors souhaitez-vous rajouter quelque chose qui vous aiderait à aller encore plus loin ? À atteindre votre objectif ? Il est probable que nous n'ayons parfois rien à rajouter si l'étape précédente a bien été menée. Ou au contraire, on peut avoir besoin d'une ressource additionnelle qui nous permettrait de vivre pleinement cette visualisation intérieurement.

Étape 5 Décrivez votre vision et ressentez-la dans votre corps :

Décrivez votre vision personnelle, continuez jusqu'à avoir une vision complète de l'état désiré, du futur désiré. Qu'est-ce que cela vous apporte ? Vous procure ? Qu'est-ce que cela change en vous ? Pour vous ? Qu'est-ce qui est différent ? Quel sentiment cela amène ? Comment vous sentez-vous ?

Étape 6 Pont vers le futur et ancrage :

Projetez-vous dans le futur. Dans ce nouvel objectif, dans cette nouvelle situation qui va arriver, en gardant en vous tout ce que vous en retirez. Toutes les étapes précédentes. Projetez-vous. Qu'est-ce que cela vous apporte ? Qu'est-ce que cela change ? Décrivez votre futur avec tout ce que vous avez appris au fur et à mesure des étapes, et comment vous visualisez votre futur.

Nous pouvons aussi rajouter la *technique de l'ancrage en Programmation-Neuro-Linguistique* qui est proche du conditionnement positif pour mener à bien une action. Cela consiste à associer un état émotionnel positif à un geste précis pour pouvoir créer ce conditionnement. À chaque fois que vous avez besoin de renouer avec un ressenti, avec une image, avec votre visualisation, il vous suffira de refaire le geste qui lui est associé. Nous ancrons ainsi encore plus fortement toute la technique de la visualisation.

Si l'étape 6 est difficile, nous vous recommandons de refaire les étapes précédentes 3, 4 et 5.

L'étape 1 conditionne tout le reste du processus. Cette partie peut prendre une minute pour certains ou plus de temps pour les autres (15 min ou plus). Il est important de ne pas aller trop vite dans le protocole et de s'assurer que vous prenez le temps de passer d'étape en étape.

Maintenant que vous avez l'outil pour visualiser, nous vous proposons de vous décrire le protocole de la ligne du temps qui est un des protocoles incontournables pour nous et que nous utilisons dans tous nos accompagnements.

LIGNE DE TEMPS

Explorez comment vous percevez subjectivement « le temps ». Pensez à quelque chose qui s'est passé :

      a. Hier

      b. La semaine dernière

      c. Il y a un an

Retour à soi - passer à l'action avec la ligne du temps :

Le processus d'alignement personnel :

> Comment savez-vous qu'un événement s'est passé il y a un jour et l'autre il y a un an ?
>
> Quand vous pensez au temps, dans quelle « direction » est le « passé » et dans quelle direction est le « futur » ?
>
> Comment représentez-vous la distance en « temps » entre les différents événements ?
>
> Quelle est la différence entre un plan prévu et un souhait ?
>
> Comment procrastinez-vous ?

Prenez quatre post-it ou découpez quatre papiers sur lesquels vous inscrirez « Passé », « État Présent », « État Désiré » et « Ressources ». Sur la ligne de temps, vous pouvez imaginer où se situe votre passé, votre présent et votre futur. Placez vos post-it ou les papiers correspondants sur la ligne de temps. Placez le post-it « Ressources » en dehors de la ligne de temps dans un endroit « cocooning », où vous vous sentez bien.

Protocole 5 La ligne du temps

Voici les différentes étapes de ce *protocole de la Ligne du temps :*

Pendant toute la durée de cet exercice soyez à l'écoute de vos ressentis dans votre corps, aux émotions qui émergent.

1. *Placez-vous sur l'état présent et démarrez par un ÉTAT COACH* (Chapitre 1 protocole ÉTAT COACH). Soyez attentif à votre corps et à ce dont vous avez besoin.

2. *Posez votre intention positive en 5 mots, avec une image colorée et un geste somatique* (Chapitre 2). Sur une échelle de 1 à 10, à combien vous sentez-vous connecté à votre intention ? (Maximum 7, Chapitre 2 Poser une intention).

3. *Visualisez votre futur devant vous.* Quelle est l'échéance de temps qui vous sépare entre votre état présent et votre état désiré ? Pouvez-vous la situer ? Futur proche ? à plus ou moins long terme ? Et dans un second temps, pouvez-vous préciser le moment exact ? (Mois, année…)

4. *Redites à haute voix votre intention,* en visualisant l'image et en effectuant le geste, puis marchez lentement jusqu'à votre état désiré. Imaginez que vous avez réalisé votre intention. Soyez à l'écoute de tout ce qui se passe dans votre corps, laissez émerger les mots qui viennent à vous et le geste qui illustre votre accomplissement avec l'émotion que vous ressentez et que vous accueillez ! Faites-le à plusieurs reprises pour bien le ressentir et l'intégrer dans votre corps.

5. *Retournez à l'état présent.* Connectez-vous à nouveau à votre état désiré, et visualisez les différentes étapes entre votre état présent et votre état désiré. (Maximum trois, et donc cinq étapes en tout). Reposez votre intention à voix haute, toujours associée au geste somatique, à l'image et à vos ressentis. Avancez d'un pas vers la première étape. Quelle est cette première étape vers votre état désiré ? Que faites-vous ? Que voyez-vous ? Qu'entendez-vous ? Que ressentez-vous ? Une fois cette première étape clarifiée, nommez-la, associez un geste somatique qui la représente et une image.

6. Si lors de cette première étape vous ressentez dans votre corps un blocage, un inconfort, une émotion forte, prenez le temps tout d'abord d'accueillir ce qui est là, ce qui se

passe en vous. (Chapitre 1 Émotions). Ensuite, nous vous proposons d'aller vous placer en dehors de la ligne de temps dans l'espace « Ressources ». Si l'émotion est trop forte, sautez, dansez, faites un tour sur vous-mêmes. Posez-vous les questions suivantes : de quoi ai-je besoin, qu'est-ce qui me manque pour continuer d'avancer sur mon chemin et passer à la 2ème étape ?

7. *Procédez de la même manière pour les étapes suivantes 3 et 4.*

8. *Vous êtes arrivé à votre état désiré,* refaites votre geste, visualisez à nouveau votre image, redonnez vos mots, ayez la sensation de « Je l'ai fait ! » soyez fier du chemin parcouru, profitez pleinement de cet instant présent. Savourez la joie de l'accomplissement !

9. *Sur cette position du futur, de votre état désiré,* retournez-vous et regardez votre ligne de temps vers votre présent et observez les étapes réalisées de votre présent à là où vous êtes. Êtes-vous fier de vous-mêmes, de vos actions ? Cela vous permet-il d'avoir atteint votre état désiré ? Vous manque-t-il quelque chose que vous n'auriez pas fait ? Auriez-vous besoin de rajouter une étape ou une action qui vous manquerait ? Si tel est le cas, retournez dans l'étape en question pour apporter la ressource additionnelle nécessaire. Refaites votre chemin et constatez à nouveau si cela vous convient.

10. *Retournez au présent et refaites lentement, étape par étape votre chemin de l'état présent à l'état désiré* avec les mots, les gestes somatiques associés et les images pour ancrer ce processus dans votre corps. Refaites ce voyage deux ou trois fois jusqu'à sentir qu'il est ancré. Passez un engagement avec vous-mêmes pour avancer comme vous le désirez vers votre futur.

11. *Chaque jour qui suit,* vous pouvez refaire cette ligne de temps uniquement avec les mots, les gestes somatiques comme une danse, en visualisant les images jusqu'à atteindre votre état désiré.

Commencez par votre premier pas, comme un pas de bébé, des tous petits pas, soyez simple dans ce que vous faites avec la sensation de faire une chose l'une après l'autre.

Ces actions vous permettent de devenir l'acteur de votre vie, d'incarner le changement que vous avez envie de voir dans votre vie personnelle ou professionnelle de façon authentique et libre.

« L'important n'est pas de réussir dans la vie, mais de réussir sa vie. ».

–Bernard Tapie

Les essentiels à retenir :

- Passer à l'action
- Appliquer la stratégie Walt Disney : du rêveur au réaliste et au critique
- Définir son storyboard
- S'aligner avec les Niveaux Logiques de Robert Dilts
- Utiliser les techniques de visualisation
- La ligne du temps

"Look Beyond Yourself" – « Regarde au-delà de toi »

de Nick LeForce

Les clés du désir de ton cœur résident au-delà des yeux et des oreilles que tu portes sur le monde,

Et ne peuvent être revendiquées, même par le redressement de tous les torts dont tu as souffert dans ta vie.

Le passé n'est pas un chemin d'accomplissement

Ton histoire sert aux leçons, et non à la vie

La passion vit dans le présent et dans le futur qui t'attend maintenant, prêt à t'offrir ton souhait le plus profond.

Chapitre 5

TRANSFORMER LES OBSTACLES

« La vie ce n'est pas d'attendre que les orages passent, c'est d'apprendre à danser sous la pluie. »

–Sénèque

QU'EST-CE QU'UN OBSTACLE ?

Un obstacle c'est ce qui empêche ou retarde une action ou une progression ; c'est une difficulté à franchir, comme le saut d'obstacle en équitation, qui fait partie du parcours.

L'obstacle est considéré comme quelque chose de négatif, de polluant, qui nous envahit émotionnellement, qui peut nous faire basculer dans la rumination, dans l'état CRASH, dans un inconfort total où toutes nos pensées peuvent être figées et ne permettent pas l'action, car elles nous prennent beaucoup d'énergie. L'énergie du combat, de la fuite, de la sidération ou du repli sur nous-mêmes.

Il y a plusieurs catégories d'obstacles : Les croyances limitantes ou négatives, les relations toxiques, les schémas comportementaux négatifs, (addiction, procrastination…), les voix critiques internes « Tu ne vaux rien » ou externes, les émotions considérées comme négatives la colère, la peur, la tristesse…, les barrières sociales, les projections, les difficultés de la vie personnelle ou professionnelle auxquelles nous sommes confrontées, la Covid-19, la crise sanitaire, un accident de vie, la maladie, la mort. On peut constater que la liste des obstacles n'est pas exhaustive et que l'importance accordée à l'obstacle varie d'une personne à une autre.

Tout simplement, qu'est-ce qui nous empêcherait de réaliser nos rêves ?

Tout dépend de la capacité de résilience de chacun, de l'état d'esprit, de l'éducation, de l'envie du moment, de la confiance en soi, des croyances, des valeurs, du soutien que chacun peut avoir de sa famille, de son entourage, de ses amis, des personnes inspirantes, de l'appel que nous ressentons en nous, de la volonté profonde et des moyens que nous mettons en œuvre.

L'IMPORTANCE DE LA RÉSILIENCE

Qu'est-ce que la résilience ? Selon Boris Cyrulnik, « *C'est naviguer dans les torrents* », c'est transformer nos blessures en force pour aller plus loin. Le mot résilience de l'anglais issu du latin *resilire* signifie rebondir, rejaillir.

La résilience est un terme employé à l'origine en physique pour désigner la résistance d'un matériau aux chocs et devenu un concept en psychologie qui définit le fait qu'une personne a la capacité de résister à l'adversité pour continuer à vivre. Depuis des décennies, un comité scientifique s'est intéressé de plus près à ce concept et depuis les années 1990, Boris Cyrulnik, neuropsychiatre a contribué à populariser ce concept. Il est devenu le spécialiste de la résilience. La résilience, est cette capacité à surmonter les chocs traumatiques, à rebondir et se reconstruire après un vécu difficile qui aurait pu nous faire sombrer dans le néant. C'est la faculté de se relever, de changer ses croyances, de transformer les obstacles après avoir vécu un traumatisme et d'accéder à nouveau à un développement, comme une renaissance, dans son environnement, telle la nature qui reprend ses droits après un incendie, un ouragan, un tsunami.

COMPRENDRE NOS CROYANCES

Lundi 12 avril 2021. Nous étions encore en confinement. Toutes les entreprises continuaient à se réinventer, à innover, à sauver leur structure ou à la développer encore mieux. Certains sortaient leur épingle du jeu, la Covid-19 leur ayant permis d'avoir 3 à 5 ans d'avance sur le développement qu'ils auraient pu faire en temps « normal » dans leur entreprise. Toutes les deux, nous étions confrontées comme tous à cette situation, et notre créativité a été de mise chaque jour pour faire face aux moments chaotiques. Se réinventer n'est pas toujours facile, c'est traverser des tempêtes avec des éléments intérieurs ou extérieurs qui viennent nous questionner, nous bousculer par rapport à nos objectifs personnels ou professionnels. Cette crise sanitaire nous a fait réaliser un travail d'introspection qui n'aurait peut-être pas eu lieu, ce qui nous a fait vivre des émotions intenses. Dans ce contexte, nous avons cherché les opportunités pour rebondir. Et c'est dans ces moments-là, que le Changement Génératif est un véritable soutien pour avancer vers son intention. Osons faire ce que nous voulons faire, vivre ce que nous voulons vraiment vivre, osons être la personne que nous avons toujours voulu être, incarnons les changements que nous avons envie de voir dans le monde, écoutons notre intuition, notre cœur pour accomplir ce qui est important pour nous pour faire jaillir notre puissance intérieure. La réalité n'est pas toujours aussi simple car les obstacles émergent, et parfois ils sont très nombreux. Pour atteindre nos objectifs, notre intention avec fluidité, nous allons alors transformer les obstacles auxquels nous sommes confrontés, et les croyances limitantes en font grandement partie.

Qu'est-ce qu'une croyance ?

Les croyances sont des certitudes personnelles, fondamentales, dont nous ne pouvons fournir la preuve matérielle ou rationnelle qui sont valables pour nous et pour tout le monde. Les croyances sont des affirmations que nous pensons vraies, sur nous-mêmes, les autres et le monde. Ce sont des opinions, des convictions qui s'avèrent justes, exactes pour nous à un moment donné et ne peuvent être remises en cause par quiconque. C'est ce à quoi je crois fondamentalement, ce que je me dis, depuis ma plus tendre enfance, selon mon éducation, mon histoire de vie.

Qu'est-ce qu'une croyance limitante ?

Une croyance est une généralisation que je fais sur la vie. Elle a une raison d'être, un sens ou peut être en lien avec notre identité. Elle peut donc être positive comme elle peut me limiter dans mes actions et dans mon identité, comme par exemple : « *Je crois que je ne vais pas réussir* », « *Je n'ai aucune chance dans la vie* », « *Ça n'arrive qu'à moi* », « *Je ne suis pas capable* », « *C'est toujours la même chose* », « *Je n'y arriverai jamais* », « *Je ne le mérite pas* », « *Juste quand je commence à réussir, tout s'écroule* », « *Si je m'affirme, je serais rejeté* », « *Je suis comme ça, ce n'est pas maintenant que je vais changer, on ne se refait pas !* ».

Une croyance limitante peut aussi venir de l'extérieur. Elle peut être contagieuse et polluer notre vision, comme : « *Toi ? tu penses que tu peux faire ça ?* », « *Mais tu te prends pour qui ?* », « *Tu n'es pas Nelson Mandela !!!* », « *Quelle drôle d'idée !* », « *Et bien, ça va être très compliqué de faire ça !* », « *Tu crois vraiment que c'est une bonne idée ?* », ou encore dans le domaine de la santé, « *Vous avez de l'hypertension artérielle, vous aurez un traitement toute votre vie* », et dans celui de l'entreprise : « *Ah, les réunions en virtuel, c'est juste inhumain, on perd le contact avec la personne, c'est fatigant pour le cerveau, c'est beaucoup trop de connexions…* ».

Notre état interne conditionne la façon dont nous allons réagir à tous ces obstacles.

Alors, pour transformer ces obstacles ou croyances limitantes en ressources, nous allons tout d'abord nous connecter à notre état **COACH**, puis encore plus profondément à notre intention pour un futur positif : « *Ce que j'ai vraiment envie de créer dans ce monde, dans ma vie personnelle ou professionnelle c'est…* », à notre geste somatique, à notre image colorée. Pour regagner en énergie positive, nous nous connectons à l'obstacle que nous prenons le temps d'accueillir. C'est la première étape essentielle qui n'est pas toujours facile à accomplir. Accueillir quelque chose qui vient à nous lorsque c'est positif est aisé, mais accueillir quelque chose qui nous bouscule émotionnellement peut parfois prendre du temps. C'est là toute l'importance de notre état interne, notre état COACH, pour accueillir et agir sur tout ce qui vient de l'extérieur et qui nous semble négatif. Créer de l'espace pour ouvrir le champ des ressources infinies, reconnaitre, accueillir et accepter cet obstacle qui vient à nous comme un cadeau de la vie pour explorer en profondeur nos failles ou nos zones d'ombre et nous permettre d'accéder à un niveau supérieur pour avancer sur notre chemin. Puis, nous nous questionnons sur notre besoin de ressources : « De quoi ai-je besoin ? Quelle serait la ressource qui m'aiderait pour gérer cette situation ? », transformer ainsi cet obstacle pour continuer ce chemin. Lorsque nous nous connectons à notre intention profonde, à ce moment précis nous créons de l'espace qui permet de faire émerger les infinies possibilités.

Voici un des protocoles phares pour transformer ces croyances limitantes en croyances positives et permettre ainsi l'atteinte d'un résultat ou d'une intention.

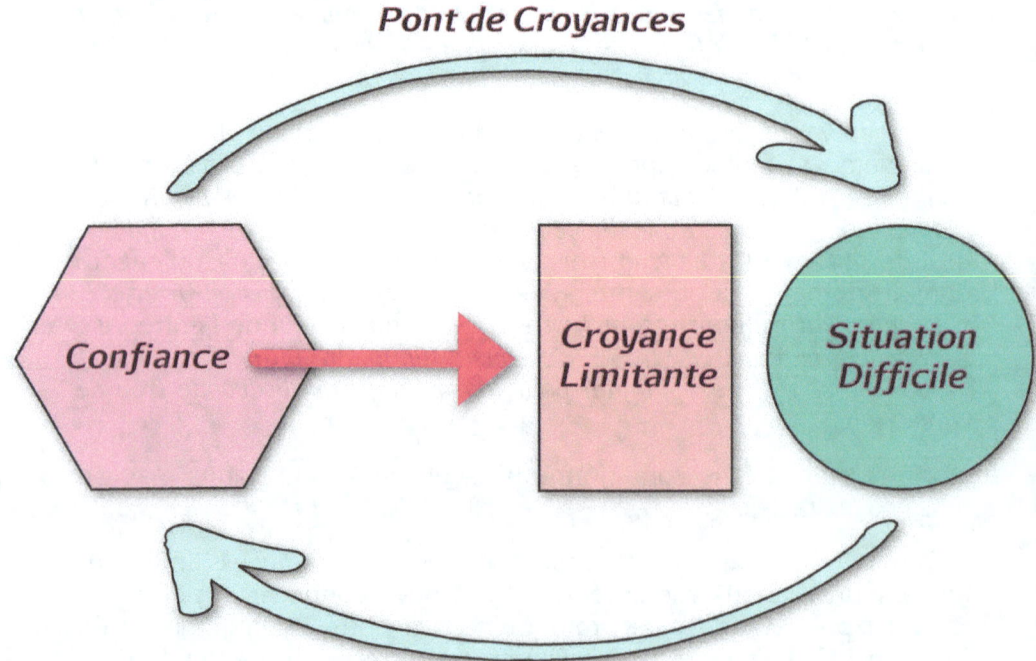

Protocole 6 Le pont de croyances

1. État présent - État désiré

Vous souhaitez atteindre un objectif et vous faites face à une situation bloquante. Pensez à cette situation qui vous freine et dans laquelle vous avez une croyance limitante (croyance barrière) comme « Je souhaite prendre la parole en public mais ce n'est pas possible pour moi. » Créez un espace au sol qui représente cette situation difficile. Placez-vous physiquement dans cet espace, voyez ce que vous voyez, entendez ce que vous entendez et ressentez ce que vous ressentez. Apportez de la conscience sur la façon dont vous vivez cette situation. Prenez le temps d'accueillir ce qui vient à vous avec les quatre mantras du Dr Milton Erickson,

« C'est intéressant… »

« Je suis sûr que cela a du sens… »

« Quelque chose a besoin d'être entendu, soutenu ou guéri… »

« Bienvenue à cela… »

expliqués à la fin de ce protocole. Respirez et rappelez-vous que dans ce type d'exercice vous pouvez goûter le « poison » mais ne pas boire la bouteille entière !

Si les émotions sont trop fortes ou inconfortables, sortez de la situation et faites un état séparateur : dansez, sautez et faites un tour sur vous-même.

2. Croyance limitante (ou croyance barrière)

Sortez de cette situation et imaginez un nouvel espace devant vous. Déplacez-vous physiquement à l'intérieur de cet endroit. Repensez à la situation bloquante. Demandez-vous : « Quelles sont les croyances qui m'empêchent d'être confiant dans cette situation ? » « Y a-t-il une croyance qui n'est pas souhaitable pour moi ? », comme : « Je ne suis pas capable, pas assez compétent », « Ce n'est pas possible », « Ce n'est pas approprié pour moi ». « Je ne suis pas responsable », « Je ne le mérite pas », « Je n'ai pas la permission, « Quoique je fasse cela ne changera rien », « Je n'y arriverai jamais, c'est toujours sur moi que cela tombe ! », « Les autres peuvent réussir mais pas moi ! », « Je suis un imposteur ».

3. *Croyance « Pont »*

Une fois les croyances limitantes identifiées, déplacez-vous dans un troisième espace devant vous et centrez-vous en état COACH, pleinement présent, connecté à votre intention de départ et confiant. Dans cet espace de clarté et de confiance, posez-vous la question : « De quelle croyance aurais-je besoin pour me sentir confiant et clair ? » Quelles sont les « Croyances pont » qui me permettraient d'apporter plus de confiance et de clarté dans ce contexte, même face à mes croyances limitantes ? » Quelles croyances m'aideraient à rester en contact avec mon objectif ? « La croyance pont » est celle qui va me permettre de transformer la « Croyance limitante (Croyance barrière) » en ressource.

4. *Retour à l'état présent avec la croyance « Pont »*

En restant centré et présent, amenez dans votre tête, votre cœur, votre ventre, les « Croyances pont » et retournez à la situation difficile spatialement, en maintenant votre intention sur ces croyances. Notez comment votre expérience de la situation change.

La création de « croyances pont » peut vous aider à contourner les « Croyances barrières. »

Pour tout obstacle rencontré, quel qu'il soit, dans tous les cas la puissance de l'accueil peut se faire par quatre mantras :

LES QUATRE MANTRAS DU DR MILTON ERICKSON

Ces quatre mantras doivent être dit avec beaucoup d'authenticité. Ils permettent de faire une pause, un temps d'intégration et d'accueil de ce qui se passe.

« C'est intéressant… » : cette expression souligne la valeur des propos, de ce que votre client exprime et soutient l'émotion qui émerge. La connexion à la personne, lorsque vous dites cette phrase est essentielle. Évitez le ton décalé « c'est intéressant… » qui ne correspondrait pas et pourrait heurter votre client.

« Je suis sûr que cela a du sens… » : cette deuxième phrase cherche à souligner toute l'importance nécessaire de ce qui se passe, et de connecter le tout à quelque chose de profond pour lui accorder toute sa place et lui apporter l'espace requis.

« *Quelque chose a besoin d'être entendu, soutenu ou guéri...* » : cette troisième phrase renforce le processus et permet d'accéder à un sens profond de compréhension, de conscientisation et d'acceptation.

« *Bienvenue à cela...* » : c'est l'accueil du message et du cadeau qui se manifeste.

L'ACCUEIL

L'accueil de tout ce qui nous arrive intérieurement ou extérieurement peut sembler compliqué, voire incompréhensible ou dénué de tout sens. Toute émotion a un message positif à nous livrer. Si nous l'accueillons et écoutons consciemment ce qu'elle nous apprend de nous-mêmes, elle se transforme en allié sur le sentier de la vie. Nos émotions ne mentent pas, elles disent l'absolue vérité, il n'y a pas d'émotions négatives ou positives. Le négatif réside dans notre comportement envers cette émotion, de l'état dans lequel nous sommes à l'instant où cette émotion émerge et au moment de l'accueil. Parce que si nous sommes en état CRASH au moment où l'obstacle émerge, il est très difficile de l'accueillir et de le traverser positivement. Accueillir l'émotion permet de l'apaiser et de la transformer en ressource pour passer à l'action. Un obstacle est toujours un cadeau si on sait le considérer comme tel. Si nous refusons, refoulons un obstacle, le risque est qu'il s'engramme dans notre corps.

Pour cela nous avons besoin de nous adapter, de développer notre flexibilité, d'apprendre à vivre dans l'incertitude tout en trouvant notre chemin. Le travail de toute une vie pour qui a envie de s'y atteler.

Aujourd'hui, le changement est permanent et nous entraîne dans son tourbillon de décisions modifiées, de stratégies revues qui tendent vers de nouveaux choix instantanés, parfois complexes et jamais figés. Apprendre à vivre dans l'incertitude c'est sortir de notre zone de confort car comme disait Albert Einstein :

> « *La vraie folie c'est de toujours faire la même chose et d'espérer un résultat différent.* »

De manière générale, l'être humain n'aime pas le changement et pour chacun d'entre nous, sortir de son cadre et de sa zone de confort, essayer une nouvelle voie, changer de paradigme, de perceptions, de systèmes de représentation, de façons de faire, demande des efforts qui ne sont pas aisés pour la plupart d'entre nous.

Ces changements nous amènent alors à développer notre propre résilience. Le changement peut devenir l'opportunité de découvrir, de s'enrichir des autres et d'apprendre de soi-même.

Cela peut être l'occasion de réviser ses projets et d'ouvrir le champ des possibles. La première étape de la résilience, c'est d'accueillir que plus rien ne sera comme avant et de plonger dans cette nouvelle dynamique. Ouvrons le champ des possibles dans ces infinies possibilités.

> *« Ce n'est pas ce que nous sommes qui nous empêche de réaliser nos rêves, c'est ce que nous croyons que nous ne sommes pas. »*
>
> –Paul Émile Victor

Protocole 7 Le chemin de certitudes

Après un changement de croyances, l'inconfort émotionnel lié à la croyance peut disparaitre rapidement. Si vous souhaitez renforcer votre changement par une certitude affirmée et ne plus avoir de doutes, voici le protocole à suivre :

1. *Créer un souvenir du futur :* nos certitudes sont issues du passé, de nos expériences et comportements, de ce que nous avons vécu. Si j'ai réussi une prise de parole en public à un moment donné de ma vie, je sais que je pourrai tout mettre en place pour reproduire ce succès avec les ressources que j'ai développées en moi. La certitude vient d'une orientation temporelle vers le passé, si vous avez déjà vécu cette expérience, vous avez la certitude de pouvoir la revivre a minima dans les mêmes conditions que la fois précédente, si ce n'est mieux ! La première étape est d'abord de repartir sur l'intention que vous avez déjà posée pour renforcer la certitude de votre futur accompli.

2. *Créer une ligne de temps :* (Chapitre 4)

3. *Allez dans votre futur et positionnez-vous sur votre intention de façon « dissociée »,* à savoir, ne marchez pas tout droit sur la ligne du temps, mais contournez-là afin d'éviter les obstacles qui pourraient se présenter à vous. Une fois arrivé physiquement sur votre futur, « Associez » vous à votre intention, c'est-à-dire, imaginez-vous que votre intention est déjà réalisée et que vous y êtes, vous en faites partie, vous êtes en train de vivre pleinement

la réalisation de votre intention. Vous ressentez cette réussite, voyez ce que vous voyez, entendez ce que vous entendez et ressentez ce que vous ressentez.

4. **Retournez-vous et regardez le chemin parcouru :** *(cf. Chapitre 4) du futur vers votre présent.*

5. **Retournez-vous à nouveau en regardant votre futur et reculez d'un pas :** *que s'est-il passé juste avant ? Qu'avez-vous fait ou réalisé ? (métaphore, mots ou gestes qui deviennent un ancrage de chaque étape). Si vous éprouvez un inconfort, une difficulté, reconnectez-vous à votre futur à chaque fois. Puis, reculez à nouveau d'un pas et procédez de la même manière pour chaque pas. En tout, 3 ou 4 pas maximum qui représentent les grandes étapes du chemin parcouru.*

6. **Arrivé au présent, reconnectez-vous à votre intention pour votre futur** *avec les mots, le geste et l'image ou la métaphore. Puis, retournez à nouveau à votre futur de façon dissociée.*

7. **Refaites le même chemin en arrière.**

8. **Vivre la confiance à réussir :** *arrivé au présent à nouveau, reconnectez-vous à votre intention pour votre futur, toujours avec les mots, le geste et l'image ou la métaphore, et avancez étape par étape de votre présent à votre futur, en vous connectant à vos ancrages et nommez les ressources. Avancez dans un rythme lent, et connecté à votre corps, à vos sensations, à votre ressenti. Cette étape est une étape de test. Il sera peut-être nécessaire de rajouter des ressources. Dans ce cas, repartez à l'étape 5.*

9. **Chemin de certitude :** *refaites votre chemin de l'état présent à votre futur. Voyez ce que vous voyez, entendez ce que vous entendez, ressentez ce que vous ressentez. Vous avez maintenant la pleine certitude de réussir à accomplir votre intention.*

LA PROGRAMMATION-NEURO-LINGUISTIQUE

Tout est histoire de programmation. Nous programmons notre cerveau à agir de telle ou telle manière, de penser positivement ou négativement. Nous voyons le verre à moitié plein ou à moitié vide. Notre histoire de vie, nos expériences, nos croyances, nos filtres influencent nos pensées et notre manière de vivre et ils construisent notre réalité.

Nous disposons de cinq filtres différents :

1. Les filtres de perception

Chaque individu va construire sa carte personnelle, à partir des informations captées du monde extérieur avec ses cinq sens. Ces informations vont passer à travers un certain nombre de filtres. Nous voyons, entendons, ressentons tous des choses différentes de notre environnement extérieur. Une couleur peut être perçue différemment selon les personnes, par exemple un bleu peut être aussi vu comme un vert. Les sons ne sont pas entendus de manière identique, ils sont agréables parfois, insupportables pour d'autres. L'intensité d'un son perçu est variable d'un individu à l'autre. La texture au toucher d'un pull-over peut être ressentie douce ou désagréable selon les personnes. Le goût peut être plus ou moins développé. En dégustant du vin par exemple, certains ont la capacité à reconnaître le goût de la banane ou de la framboise tandis que d'autres ne feront que boire un verre de Beaujolais nouveau ! Et enfin, l'odorat, la mémoire olfactive la plus développée de l'être humain, est là aussi très différente d'une personne à une autre. Un parfum peut être considéré comme envoûtant, mystérieux et nous faire voyager, alors qu'une fragrance différente nous sera insupportable et irrespirable. Nos cinq sens vont donc construire un premier filtre qui forge une partie de notre réalité.

2. Les filtres neurologiques

Ce que nous captons du monde extérieur dépend du fonctionnement de nos organes sensoriels et de notre système nerveux. Dès que les organes sensoriels captent une information, celle-ci est aussitôt renvoyée sous forme de signal nerveux pour être analysée par le cerveau. Selon les parties du cerveau concernées, le message sera interprété et analysé de façon différente par celui-ci.

3. Les filtres socioculturels

La culture à laquelle nous appartenons forge nos perceptions, nos filtres et contribue grandement à façonner notre vision du monde. Se dire bonjour dans le monde entier varie d'un pays à un autre et peut être source de confusion. Imaginez la rencontre d'un Inuit et d'une parisienne qui se disent bonjour ! Les codes et les habitudes, les rituels de vie, de politesse diffèrent d'une communauté à une autre.

4. Les filtres individuels et personnels

Notre éducation, l'influence de nos parents ou des figures parentales, les expériences de notre enfance et de notre vie d'adulte influencent notre manière de penser, d'agir, de concevoir notre place dans le monde, la valeur que l'on s'accorde (l'estime de soi), qui nous sommes et celle que nous reconnaissons aux autres.

5. Les filtres ou mécanismes linguistiques du Méta modèle de la Programmation-Neuro-Linguistique.

Nous percevons les informations qui nous sont transmises avec trois filtres.

Les omissions :

Nous oublions souvent une partie de l'information qui nous est donnée et ne transmettons pas l'intégralité de ce qui a été dit.

Les généralisations :

Nous avons pour habitude de généraliser les faits « Avec toi, c'est toujours comme ça », « De toute façon elle n'est jamais à l'heure », « Les gens font toujours la tête quand c'est le lundi matin ». Ces généralisations ne sont qu'une expression de nos filtres et de nos perceptions, notre réalité qui n'est pas forcément la vérité.

Les distorsions :

Nous déformons une partie du message que nous transmettons à d'autres. Un dirigeant communique une information à son manager qui la transmet à son tour à son collaborateur. Il est possible qu'il y ait quelques distorsions dans la transmission fidèle du message.

Exemple :

Nathalie à Marc :

« Martine ne va pas pouvoir assurer la formation de la semaine prochaine parce qu'elle pense qu'elle a la Covid-19 et donc elle doit faire un test. »

Marc à Hélène :

« Martine ne peut pas assurer la formation de la semaine prochaine car elle doit faire un test. »

Hélène à Marc :

« Pourquoi, elle est enceinte ? »

Hélène à Jade :

« Eh tu sais quoi, Martine il parait qu'elle est enceinte, elle ne pourra plus assurer aucune formation jusqu'à la fin de l'année. »

Jade à Victoria :

« Il parait que Martine part en congés maternité la semaine prochaine et ne pourra plus assumer aucune formation. »

Victoria à Nathalie :

« Tu vas virer Martine parce qu'elle est enceinte ? C'est n'importe quoi ! »

L'Écoute Active - Chaîne YouTube CHRYSALYS

Si nous pouvons nous programmer à agir ou penser d'une certaine manière, nous pouvons aussi nous déprogrammer grâce à des protocoles.

« *Observez vos pensées ;*
Car elles deviennent vos mots.
Observez vos mots ;
Car ils deviennent vos actions.
Observez vos actions ;
Car elles deviennent vos habitudes.
Observez vos habitudes ;
Car elles deviennent ce que vous êtes ;
Observez ce que vous êtes ;
Car cela devient votre destin »

—Lao Tseu

Alors comment faire pour se déprogrammer, se dépasser, s'accrocher et ne jamais baisser les bras ?

Comment faire pour réactiver notre élan vital ? Si nous voulons renverser cette tendance, voici plusieurs protocoles que nous vous suggérons :

Protocole 8 Pause-ralentir-respirer-se centrer

- *Se poser, faire une pause,* prendre du temps et accéder à son meilleur état COACH, descendre dans le corps. (cf. état COACH Chapitre 1). Prendre davantage soin de soi et écouter son rythme intérieur.

- *Ralentir et accueillir* ce qui est là : comme un état des lieux, un constat de ce contexte externe ou interne sur lequel nous ne pouvons pas agir. Rechercher le sens de ce qui se passe pour le comprendre et l'intégrer.

- *Respirer,* avoir le recul et l'objectivité nécessaire pour constater. Ce qui n'est pas forcément accepter l'obstacle. Vérifier notre écologie interne dans ce que l'on vit et ce que nous souhaitons vivre.

- *Se centrer,* se connecter à toutes ses ressources (cf. Chapitre 3), internes, mais aussi externes, se connecter à tout élément extérieur : la nature, le soleil, les arbres, l'océan, les animaux, le vent, l'eau, la terre, le végétal, les amis, la famille, nos enfants, nos passions, nos mentors, nos ancêtres, le collectif ou tout ce qui est de l'ordre spirituel (pas forcément au sens religieux du terme).

- *Se poser la question :* « De quoi ai-je besoin ? Qu'est-ce qui est bon pour moi ? »

- *Poser une intention positive,* succincte, qui me touche, ressentir la résonance somatique en moi. Les trois R : Rythme, Résonance, Répétition. Comme le dirait Stephen Gilligan dans son travail de Transe Générative issue de l'hypnose Ericksonienne (Milton Erickson), le rythme et la musicalité sont le premier langage de l'être humain. La Transe est universelle, et c'est 80 % de non-verbal. Le rythme, la résonance et la répétition permettent au cerveau d'accéder à une réponse Générative, profonde qui stoppe le dialogue interne et cognitif. Ce qui permet d'accéder à une intention positive incarnée et authentique.

- *Créer un plan d'action,* prendre un engagement pour faire en sorte que cette intention devienne réelle. Avancer dans ces étapes différentes pour entrer dans le monde et agir. Passer du rêveur, au réaliste pour clarifier son objectif et son chemin. Faire face à nos amis les obstacles, car il est probable qu'à ce stade, lorsque l'on décide de faire quelque chose, notre critique intérieur (dialogue interne) ou extérieur (les autres) viennent freiner notre élan. Cependant, comme nous l'avons *vu (Chapitre 4) notre critique nous permet de rectifier le tir et de trouver le bon chemin pour rebondir. Vérifier que les actions décidées respectent notre propre système de valeurs et notre écologie interne.*

Il est important de prévoir des erreurs, des retours en arrière, de souligner ce qui change, le sens que nous lui donnons et la relation que nous avons avec ce plan d'action. Alors, prévoir de tenir un journal quotidien pour un travail personnel d'avancée régulière, partir pour de longues marches et laisser venir à soi la solution, se poser la question avant de dormir pour une nouvelle idée au réveil, faire une retraite, consulter pour un travail personnel ou émotionnel un Coach, un Thérapeute ou une personne de notre choix et pratiquer l'approche Générative.

L'instinct de survie, notre envie innée de braver tous les obstacles que nous rencontrons, cet appel en nous, l'appel de la vie qui nous aide à rebondir, à dépasser les obstacles face à nous. C'est comme si le challenge de l'obstacle nous permettait d'aller plus haut, de développer des capacités plus élevées pour monter au niveau supérieur. Notre histoire de vie peut aussi nous avoir amenés à développer notre propre résilience. Cette faculté n'est pas innée, elle trouve ses racines dans l'enfance, dans la relation et tout ce à quoi nous pouvons être confrontés : échecs, perte d'un être cher, drame de vie, choc émotionnel, etc.…

L'approche Générative, elle aussi nous permet de développer notre propre résilience. La première étape, nous l'avons évoquée, c'est d'avoir la capacité à accueillir que plus rien ne sera comme avant et de plonger dans cette nouvelle dynamique à notre propre rythme. Chacun peut avoir besoin de temps, celui-ci est différent d'une personne à une autre.

Certaines personnes ont cette force innée, et en elles cette irrésistible envie de vivre, plus forte que tout. L'optimisme, un mental positif et une force profonde peuvent contribuer à cette volonté infaillible de s'en sortir pour réussir.

La vie est plus forte que tout.

Après avoir clarifié le sujet des obstacles, voici maintenant comment faire pour rebondir générativement !

Vous l'aurez compris, la première étape en toute circonstance sera l'état **COACH** pour ensuite pratiquer la technique de la seconde peau.

Protocole 9 Générer une seconde peau

Une seconde peau est une forme d'isolation énergétique qui nous protège de ce qui nous entoure. Si vous devez faire face à un contexte dans lequel vous pouvez être submergé, perdu ou agressé, c'est-à-dire une situation dans laquelle vous vous sentez coincé en baisse d'énergie, avec des pensées ressenties comme négatives, la peur, l'agressivité, la tristesse qu'elle vous appartienne ou non, la dépression, la colère, des projections, la seconde peau est utile dans ces cas précis, comme pour démarrer chaque journée et se sentir en sécurité.

Notre peau est réceptive, c'est un organe vivant qui nous fait ressentir naturellement les informations et les énergies extérieures, à la différence d'un bouclier ou d'une barrière qui les stoppent. Cette seconde peau nous permet d'être visible sans être exposé, et donc non vulnérable. Nous aimons à penser à la cape d'invisibilité d'Harry Potter pour imager cette seconde peau qui apporte une protection pour soi-même face aux énergies extérieures.

Voici comment procéder pour générer une seconde peau de façon quotidienne, efficace et durable :

1. *Centrez-vous et faites un état COACH.* Frottez vos mains l'une contre l'autre jusqu'à les réchauffer, les rendre sensibles et sentir la chaleur à l'intérieur.

2. *Tenez les paumes l'une en face de l'autre,* de façon à ce qu'elles se touchent presque, mais pas tout à fait. Apportez votre conscience sur vos mains, sur l'intérieur de vos paumes en particulier, et ressentez l'énergie vitale, la chaleur en plein milieu de vos mains, si ce n'est pas le cas encore, frottez les à nouveau jusqu'à obtenir ce ressenti.

3. *Éloignez vos mains* l'une de l'autre de quelques centimètres entre les deux. Continuez à sentir cette chaleur à l'intérieur. Restez présent à vos ressentis. Écartez-les encore. Gardez la connexion à cette chaleur. Gardez une distance maximale entre 8 et 15 centimètres.

4. *Visualisez une couleur* qui représente cette énergie entre vos deux mains. Ensuite, imaginez que vous allez sculpter et créer une seconde peau autour de vous, comme un pyjama d'énergie. Commencez par amener vos mains avec cette énergie et cette couleur autour de vos poignets, vos bras, vos épaules, soyez certains d'inclure toutes les parties de votre corps, votre tête, votre cou, votre cœur,

> votre buste, votre ventre, votre dos, vos jambes et jusqu'au bout de vos pieds.

5. Vous êtes parés pour affronter toute situation complexe, prêts à faire face à l'imprévu, avec ce pyjama coloré, invisible et puissant d'énergie. Une *énergie protectrice* vous entoure dans tous vos mouvements.

LES POSITIONS PERCEPTUELLES

Si vous rencontrez une difficulté avec une autre personne, que vos points de vue ou croyances diffèrent ou soient divergents, l'utilisation des positions perceptuelles est très aidante. Elles sont utiles pour prendre du recul, se mettre à la place de cette personne, d'observer la situation avec plus de hauteur, de mieux la comprendre, de trouver les ressources associées pour envisager des solutions nouvelles.

Il y a quatre positions comme sur le schéma.

Prenez des post-it ou découpez quatre papiers, un papier par position et placez-les au sol.

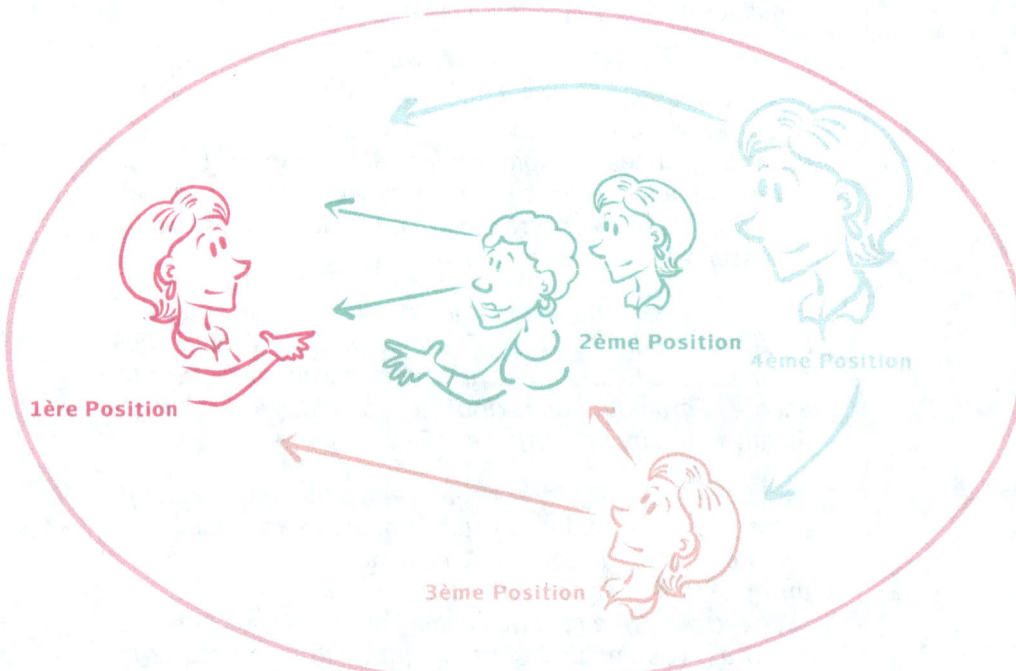

1ère position : elle est associée à votre propre point de vue, vos croyances et suppositions, voyez le monde extérieur à travers vos propres yeux. Une position « je ».

2ème position : elle est associée au point de vue d'une autre personne, ses croyances et suppositions, voyant le monde extérieur à travers ses propres yeux.

Prendre la seconde position implique la capacité à entrer dans le point de vue d'une autre personne, ou « la position de perception », dans une situation ou interaction particulière. Cela implique de changer de perspectives et voir la situation comme si vous étiez cette autre personne. De la seconde position, vous voyez, entendez et ressentez comment est l'interaction venant de la perception de l'autre personne. « Être dans sa peau », « marcher un kilomètre dans ses chaussures », « s'asseoir de l'autre côté du bureau », etc.

3ème position : elle est associée au point de vue « en dehors de la relation » entre vous et une autre personne. Une position « ils/elles », une position d'observateur.

4ème position : elle est associée à la perspective du système dans sa globalité. Une position « nous ».

Protocole 10 Les positions perceptuelles

1. *ÉTAT COACH*

2. *Pensez à une situation « challengeante » impliquant une autre personne. Posez votre intention en 5 mots, avec un geste associé et une image colorée.*

3. *Mettez-vous dans la 1ère position, imaginant la personne être là maintenant et vous la regardez à travers vos propres yeux.*

4. *Imaginez-vous « dans les chaussures », dans la peau (2ème position) de l'autre personne vous regardant à travers ses yeux.*

5. *Regardez la relation entre vous et l'autre personne comme si vous étiez un observateur regardant une vidéo de 2 personnes interagissant (3ème position).*

6. *Prendre la perspective du plus grand système « nous » et considérer quel serait le meilleur intérêt du système (4ème position).*

Pour le Chapitre 5 et la transformation d'obstacles, vous pouvez aussi utiliser le protocole Tétralemme avec les énergies archétypales ainsi que la ligne du temps comme évoqué au Chapitres 3 et 4.

LA PUISSANCE DE LA GRATITUDE

Une fois les obstacles transformés, nous pouvons ressentir le besoin d'exprimer de la gratitude. C'est la reconnaissance que l'on a envie d'exprimer envers un bienfaiteur, envers quelque chose de plus grand que nous, comme un élan du cœur. La gratitude, c'est aussi avoir de la reconnaissance vis-à-vis de soi-même, ce qui alimente et renforce l'estime de soi. C'est reconnaitre le temps que l'on s'accorde, le travail que l'on accomplit, le développement personnel vers lequel nous cheminons, reconnaitre son corps. Ce corps, nous transporte et nous soutient en permanence. Virginia Satir, psychothérapeute américaine intervenant en thérapie familiale disait : « nous avons besoin de quatre câlins par jour pour survivre. Nous avons besoin de huit câlins par jour pour nous maintenir. Et nous avons besoin de douze câlins par jour pour nous développer, grandir, évoluer ». C'est l'intention de se faire du bien chaque jour, de s'accorder une faveur, quelque chose d'agréable qui engendre une émotion positive. La gratitude est décrite comme une réponse émotionnelle à un don. La vraie gratitude c'est se remercier soi-même pour ce que l'on fait, et surtout pour ce qu'on l'on est. Soyez généreux envers vous-mêmes, apportez-vous de la gratitude dans votre quotidien.

La gratitude, est la mémoire du cœur. C'est officialiser quelque chose de beau qui nous arrive dans notre vie. Alors, nous pouvons faire un vœu pour nous.

> « Être résilient, c'est aller vers un nouveau développement, vers de nouveaux changements. »
>
> –Boris Cyrulnik

Les essentiels à retenir :

- Transformer les obstacles en ressources
- Accueillir les obstacles pour créer un espace d'infinies possibilités
- Se programmer positivement et avec certitude
- Ralentir c'est ressentir
- Vivre avec gratitude

"The Guest House" – « La Maison d'hôtes »

de Rumi

Être humain, c'est être une maison d'hôtes.
Tous les matins arrive un nouvel invité.

Une joie, une dépression, une méchanceté, une prise de conscience
momentanée vient comme un visiteur inattendu.

Accueillez-les tous et prenez-en soin !
Même s'ils sont une foule de chagrins,
qui balaient violemment votre maison et la vident de tous ses meubles,

Traitez chaque invité honorablement.
Peut-être vient-il faire de la place en vous pour de nouveaux délices.

La pensée sombre, la honte, la malice,
rencontrez-les à la porte en riant, et invitez-les à entrer.

Soyez reconnaissants pour tous ces hôtes qui viennent,
parce que chacun a été envoyé comme un guide de l'au-delà.

Chapitre 6
DES PRATIQUES POUR APPROFONDIR LES CHANGEMENTS

Tout commence après le travail et le protocole. Toutes les étapes précédentes ne servent qu'à déclencher le début de votre histoire, votre chemin d'éveil, votre voyage du héros ou de l'héroïne.

L'IMPORTANCE D'UNE PRATIQUE QUOTIDIENNE

La pratique quotidienne nous apporte un équilibre, une stabilité, une présence à soi. Une présence de chaque instant qui permet de cheminer vers votre intention, d'avoir la capacité à maintenir votre état COACH, d'y revenir aussi souvent que possible et aussi vite que nécessaire, d'accueillir l'imprévu, pour avoir cette capacité à transformer les obstacles que vous rencontrez. Pour être la personne que vous avez envie d'être, et créer ce que vous souhaitez créer dans le monde pour vous, pour votre environnement, à titre personnel ou professionnel, cette pratique quotidienne vous donnera accès à toutes les ressources pour faire face à tous les aléas de votre vie.

Pour trouver vos ressources, voici quelques questions pour vous éclairer sur votre chemin et aller plus loin :

Si vous ne déterminez pas un délai, quand le réaliserez-vous ?

Si ce n'est pas vous qui le faites, qui le fera pour vous ?

Qu'est-ce qui est plus important que vous ?

Voici quelques exemples de pratiques que nous vous conseillons :

- **Pratique quotidienne de 45 minutes :** s'engager avec soi-même, prendre un rendez-vous avec soi 45 minutes par jour (méditation, yoga, état coach, marche dans la nature, déconnexion de tous appareils électroniques (ordinateur, téléphone). Cela peut sembler beaucoup, mais c'est en réalité que 5 minutes, 8 fois par jour. Vous pouvez même programmer une alarme sur votre portable pour être sûr d'y penser !

- Journal de bord : vos réflexions personnelles que vous notez quotidiennement selon l'inspiration du moment, ce qui vous vient à l'esprit en lien avec votre intention. Comme nous vous l'avons expliqué, nous avons tenu un carnet quotidien ou chaque jour nous écrivions l'intention du jour et nous collions une image qui correspondait ainsi que le geste décrit, imagé, voire dessiné.

- Pratiques génératives : ÉTAT COACH, (Chapitre 1) méditation, poser une intention, (Chapitre 2) réaliser des lignes de temps (Chapitre 4), refaire ses gestes somatiques, constater l'évolution, utiliser des techniques de visualisation (Chapitre 2 et 4), utiliser son silence et le préserver, se connecter à ses 5 sens, ralentir (c'est ressentir), se poser pour faire émerger notre créativité et nos bonnes idées, prendre un temps pour soi pour du renouveau et de la transformation, prendre soin de soi ainsi que de son enfant intérieur, naturellement et pour se connecter à son état interne optimal. Thich Nhat Hanh dans son livre « Prendre soin de l'enfant intérieur », nous dit « qu'en chacun de nous se trouve un enfant qui souffre », qui est blessé et a besoin d'être considéré, pris en compte, valorisé, aimé et guéri.

- Connexion à la nature et à nos ressources : prendre le temps d'aller marcher dans la nature en observant notre environnement en connexion avec tous nos sens en éveil, observer le vent sur un brin d'herbe, sur les feuilles d'un arbre, ressentir la caresse du vent sur le visage, sentir les odeurs de la pluie, de la terre, le parfum d'une fleur, écouter le craquement des branches sous nos pas, entendre le chant des oiseaux, toucher l'écorce d'un arbre, d'une fleur, d'un végétal, s'asseoir au pied d'un arbre et ressentir la force et la connexion à la terre, se laisser porter par la sensation de l'instant tout simplement.

- Pleine conscience : prendre soin de son corps et vivre dans son corps le moment présent. Si vous êtes bloqué dans vos pensées, vous n'êtes pas connecté à tout ce qui se passe à l'intérieur de vous. En pleine conscience et connexion profonde, vous pouvez ressentir une pleine satisfaction, un relâchement, une relaxation totale intérieure. Cette pleine présence à soi aide à ressentir son corps à un seul endroit, à un seul moment. Se sentir vivant. Ce sentiment de vie, de plénitude, de gratitude qui vous permet de vous connecter à quelque chose de plus grand que vous. Respirez, relaxez-vous et permettez-vous d'être pleinement dans votre corps avec cet état de pleine conscience, ouverte et relaxée. Rappelez-vous : vous êtes ce que vous pratiquez et vous devenez ce que vous pensez.

- Retraite : s'offrir un cadeau, prendre un temps pour soi. Se retirer quelques jours loin des tourments, de la vie quotidienne, de la routine, sortir de sa zone de confort, de ses habitudes, interrompre votre rythme quotidien, partir dans un lieu propice en osant ralentir et revenir dans le moment présent, se connecter à son être profond, s'exercer au silence et se ressourcer, être en harmonie, en amitié avec soi-même, en chemin vers une nouvelle énergie.

- Développement personnel : développer sa curiosité, enrichir ses connaissances, mieux se connaitre, se comprendre, passer à un niveau supérieur, évoluer, s'ouvrir, avoir davantage de discernement, gagner en flexibilité, s'épanouir. Allez vers tout ce qui vous attire et vous nourrit intérieurement : lire, assister à des séminaires, des formations pour apporter une réponse, un éclairage, se nourrir, grandir, se faire accompagner, voyager, se cultiver, tout ce qui génère la réflexion et la connexion.

- Mentors et Enseignants : se référer, se laisser guider par des personnes qui nous inspirent dans leur savoir-être, leur enseignement, leur transmission, leur vie et les modéliser pour cheminer différemment dans notre vie et réussir de façon durable.

- Vœux et engagements : s'engager à suivre sa voie et son chemin. Être en accord avec ses actes et ses pensées, être congruent. La congruence c'est l'accord entre le verbal et le non-verbal, l'authenticité et l'alignement entre vos pensées, vos mots, vos actes, vos émotions et vos valeurs. Faire un vœu avec une connexion à notre désir le plus profond pour qu'il se réalise en gardant la flexibilité de la destination souhaitée, et se donner les moyens pour y parvenir. Et s'y tenir.

- **Gratitude** : avoir de la reconnaissance et remercier : soi-même ou la personne de son choix, la nature, ou l'univers, chaque jour. La gratitude peut être dirigée envers des amis, des enseignants, de la famille ou de parfaits inconnus. On peut ressentir de la gratitude et être reconnaissants vis-à-vis d'expériences vécues, d'opportunités, d'événements de vie personnelle ou professionnelle. Prendre le temps de s'émerveiller, d'apprécier la vie telle qu'elle est. La gratitude permet de s'arrêter sur ce que la vie nous apporte au quotidien. Apprécier tout ce qui vient, comme un cadeau de la vie, à sa juste valeur, permet d'ouvrir un champ de ressources positives. La gratitude augmente nos émotions positives, et l'exprimer développe notre sentiment de bien-être et de pleine santé. Changez votre regard sur votre vie !

- **Ralentir le rythme** : être à l'écoute de son propre rythme, en quelque sorte être attentif à retrouver, aussi souvent que possible, son rythme fondamental. Écouter, c'est reconnaitre et accueillir. Quel est votre propre rythme naturel ? Le rythme que vous aviez lorsque vous étiez petit enfant, celui de votre enfant intérieur, l'écoutez-vous ? L'accélération ambiante ponctuée d'exigences, de non-respiration, nous fait perdre ce rythme et nous éloigne d'un besoin vital, dans l'être, plutôt que dans le faire. Nous sommes en permanence à la recherche d'équilibre de rythme.

« *Quand tu te places dans l'instant à l'écoute profonde de ton corps, de ta respiration, de tes émotions, tu reviens au centre de toi-même. Peu à peu ce qui t'agitait se calme. Une ouverture à toi-même, un contact à ton cœur s'opère et tu te sens mieux. Ce moment de pause t'apporte de grandes richesses intérieures que tu aimerais saisir et garder.* »
–Noëlle Philippe, *La bienveillance, un chemin de vie*

Les essentiels à retenir :

- Instaurer des rituels
- Pratiquer chaque jour
- Pratiquer, encore et encore

"Speak From the Heart" – « Parler à partir du Cœur »

de Nick LeForce

Quand tu parles à partir du cœur, tu parles comme quelqu'un qui a été touché par la vie,

Tu parles non seulement au visage que tu montres au monde et à l'identité que tu souhaites être,

Mais aussi aux rebelles et aux parias en toi ;

Au désir tendre et à l'aspiration silencieuse qui restent encore à exprimer ;

À l'amour de ce qui est inachevé, qui se forme encore, et pour ce qui est laissé derrière à jamais.

Parce que tu parles alors avec la voix feutrée qui vit à l'intérieur de chacun au cœur de notre vulnérabilité,

Ta voix devient le printemps de la vie qui fait monter les précieuses larmes aux yeux d'un cœur qui tremble devant l'immense inconnu.

Chapitre 7

CONCLUSION : LE VOYAGE DU HÉROS - UN ÉVEIL À SOI-MÊME

Rebondir pour devenir maître de sa vie, c'est le chemin de la vie.

> *« Celui qui est le maître de lui-même est plus grand que celui qui est le maître du monde. »*
>
> –Bouddha

Écouter son appel. Se connecter à sa passion la plus profonde, développer son intuition, celle qui nous donne l'élan de nos envies les plus endormies.

Écouter ses envies, faire ses choix en toute liberté et trouver le sens de sa propre vie pour créer une vie meilleure, réussie qui rend épanoui et heureux.

Poser son intention et trouver le juste équilibre pour soi. Laissez-vous guider par votre corps et votre cœur, vers votre état désiré pour incarner le changement que vous souhaitez voir se réaliser dans votre vie professionnelle comme personnelle.

La vie est notre maitre et le parcours nuancé de chacun apporte une compréhension unique si nous y sommes attentifs.

Nos expériences de vie éclairent notre parcours.

Être prêts à franchir avec volonté le seuil d'un nouveau départ et garder le cap.

Se sentir libre de rebondir. Passer du rêve à la réalité.

Inspirez, expirez, le souffle de la vie.

Pratiquer, pratiquer, pratiquer… pour continuer le voyage à la découverte de soi.

Quelle sera votre première étape ?

Nous espérons que la lecture de cet ouvrage vous apportera un nouvel élan de vie et vous remplira d'énergie.

"Don't Go Back to Sleep" – « Ne te rendors pas » de Rumi

Dès l'aube, la brise a des secrets à te dire,

Ne te rendors pas.

Tu dois demander ce que tu veux vraiment.

Ne te rendors pas.

*Les gens vont et viennent, traversent le seuil
où les deux mondes se rencontrent*

La porte est ronde et ouverte,

Ne te rendors pas.

ou
sens res
JOIE vie co
prendre soin de soi ac
CENTRÉ AM
AUTHENTICIT
REBO
RÉSILIENCE
HOSPITALI
équilibre LIB
PASSION
CON

rt
entir tête
ent ALERTE
ir COMPASSION
R écouter reconnaître
panouir Cœur
NDIR
re ATTENTIF
harmonie pétiller
INTUITION patience
GRATITUDE
lé corps
CTÉ

Bibliographie

- *Generative Coaching Volume 1* – **Robert Dilts et Stephen Gilligan**
- *Generative Coaching Volume 2* – **Robert Dilts et Stephen Gilligan**
- *Generative Coaching Volume 3* – **Robert Dilts et Stephen Gilligan**
- *Generative Coaching Volume 4* – **Robert Dilts et Stephen Gilligan**
- *Le cheval dans la locomotive : le paradoxe humain* - **Arthur Koestler**
- *Sapiens. Une brève histoire de l'humanité* – **Yval Noah Harari**
- *Le jeu intérieur* – **Timothy Gallwey**
- *Le pouvoir de l'instant présent* – **Eckhart Tolle**
- *Le pouvoir de l'intention* – **Wayne W. Dyer**
- *Le génie dans nos gènes* – **Dawson Church, Ph.D**
- *Devenir le meilleur de soi-même : besoins fondamentaux, motivation et personnalité* – **Abraham Maslow**
- *Vers une psychologie de l'être* – **Abraham Maslow**
- *L'accomplissement de soi : de la motivation à la plénitude* – **Abraham Maslow**
- *La puissance de l'acceptation* – **Lise Bourbeau**
- *Les 5 blessures qui empêchent d'être soi-même* – **Lise Bourbeau**
- *Écoute ton corps* – **Lise Bourbeau**
- *Ressentir, voilà le secret* – **Neville Goddard**
- *Croyance et Santé* – **Robert Dilts, Tim Hallbom et Suzi Smith**

- *Le voyage du Héros* – **Robert Dilts et Stephen Gilligan**
- *Le héros aux mille visages* – **Joseph Campbell**
- *L'hypnose Générative ou l'expérience du flow créatif* – **Stephen Gilligan**
- *Le courage d'aimer* - **Stephen Gilligan**
- *Être Coach : de la recherche de la performance à l'éveil* – **Robert Dilts**
- *Le Mandala de l'être* – **Richard Moss**
- *Le livre Rouge* - **Carl Gustav Jung**
- *Steps to an Ecology of Mind* - **Gregory Bateson**
- *L'Intelligence Émotionnelle* – **Daniel Goleman**
- *Résilience : connaissances de base* - **Boris Cyrulnik et Gérard Jorland**
- *Le corps quantique* – **Deepak Chopra**
- *Systémique en entreprise* – **Jacques Antoine Malarevicz**
- *Le fabuleux pouvoir de notre cerveau* – **Deepak Chopra**
- *The poetry of life* – **Nick LeForce**
- *Heavens in our hearts* – **Nick LeForce**
- *Vos hormones du bonheur en lumière* – **Loretta Graziano Breuning**
- *Pouvoir illimité* – **Anthony Robbins**
- *La bienveillance, un chemin de vie* – **Noëlle Philippe**
- *Le plein pouvoir des mots* – **Shelle Rose Charvet**
- *Entrepreneurs nouvelle génération, la modélisation des Facteurs de Succès* – **Robert Dilts**
- *La voie de l'archer* - **Paulo Coelho**
- *Creative Mind* – **Stephen Gilligan, Ph.D**

À propos des auteurs

Biographie Nathalie Lebas

Dirigeante de CHRYSALYS

Formatrice, Coach Génératif, Conférencière et Consultante

Master Trainer en PNL affiliée à NLP University Santa Cruz California- Co-certification en PNL avec Robert Dilts – Praticienne en Transe Générative – Hypnose Ericksonienne – Creative Mind Coach & Trainer – Facilitatrice en Intelligence Collective – Formatrice en Leadership Conscient et Résilient – Coach Santé – Certifiée MBTI – Management – Communication – Efficacité Commerciale – Danseuse et enseignante en Somatic Movement – Superviseur de Coach de Santé.

J'ai 2 passions : j'aime la Transformation, le Changement sous toutes ses formes et j'apporte une attention particulière à l'Humain avec un grand H, dans toute sa diversité. J'aime accompagner les potentiels, développer ou révéler les talents, éveiller les consciences et permettre à chacun d'incarner le Changement Génératif qu'il a envie de voir dans ce monde, professionnellement ou personnellement. Je souhaite créer un monde où chacun pourra accéder à toutes ses ressources et devenir le héros ou l'héroïne de sa vie.

Issue d'une entreprise internationale dans le monde du service, je me suis ensuite formée aux USA auprès de Robert Dilts et Stephen Gilligan entre autres ; incroyables formateurs que j'ai eu la chance d'accompagner dans le monde. En tant que danseuse, j'ai développé une pratique corporelle, « Generative Somatic Movement » pour aider chacun(e) à se (re)connecter à son intelligence somatique, à son corps, à ses émotions, à ses ressentis corporels pour transformer tous les obstacles et cheminer vers une intention de vie épanouissante et de réalisation personnelle ou professionnelle.

Mes différents rôles et expériences me permettent de soutenir et d'accompagner mes clients avec passion et succès.

Ma différence : J'éveille les consciences pour que chacun(e) découvre son identité et sa raison d'être.

Mon mantra : « Be the change you want so see in the world. » Mahatma Gandhi

Pour en connaitre davantage, veuillez consulter le site Internet suivant : www.chrysa-lys.com

Pour communiquer avec Nathalie : nathalie.lebas@chrysa-lys.com

Biographie Martine Faye
Fondatrice
d'Améthyste Conseil

Coach, Formatrice et Facilitatrice du Changement

Coach Professionnel certifié à l'Académie du coaching, Coach génératif et Coach santé. Maitre praticien PNL- Formateur certifié avec les outils de la PNL – Praticienne MBTI OPP Praticienne en transe générative Hypnose Ericksonienne.

La passion que je porte à l'Humain depuis toujours a fait naître en moi l'envie de le placer au cœur de mes actions. L'expérience du changement a rythmé ma vie et m'a donné l'idée de transmettre ce qui m'a fait grandir.

Aujourd'hui, j'accompagne les hommes et les femmes dans leur transformation pour les faire évoluer dans leur vie personnelle ou professionnelle, vers davantage de bien-être, de performances et de réussites.

Mon activité de coach se répartie sur différents axes :

- Le coaching individuel centré : sur la personne, la relation, le management, les dirigeants,
- La formation en développement personnel, en management, en communication, en soft skills, en gestion du stress, l'accueil des émotions, le Changement Génératif, la qualité de vie et le bien-être en entreprise,
- L'hypnose générative en individuel et en groupe,
- Le coaching de santé : Générer l'envie de voir l'équilibre et l'harmonie s'installer vers la pleine santé par le somatique et l'intelligence générative.

Ma priorité réveiller l'envie de savoir bien vivre ensemble pour des objectifs ambitieux, mobilisateurs et fédérateurs en aidant les entreprises et les individus à se transformer durablement. Accompagner les personnes à imaginer un futur rempli de sens, épanouissant qui donne du sens à leur vie.

Ma différence : « Transmettre l'énergie avec bienveillance, dans l'authenticité et créer l'étincelle du changement pour faire émerger le plein potentiel de chacun. »

Mon mantra : « *Écoute ton cœur.* »

Pour communiquer avec Martine : martine.faye@amethyste-2h.fr

http://linkedin.com/in/martine-faye

Antonio Meza est un architecte de la vision, qui aide les entrepreneurs et les dirigeants du monde entier à communiquer des idées complexes de manière simple et ludique, par le biais d'illustrations ou de dessins animés ou encore par l'arrangement de présentations, de livres ou de sites Web.

Originaire de Pachuca, au Mexique, Antonio est un maître praticien et un formateur en programmation neurolinguistique (PNL). Il est titulaire d'un diplôme en sciences de la communication de la Fundación Universidad de las Américas Puebla, d'une maîtrise en études cinématographiques de l'Université de Paris 3 - Sorbonne Nouvelle, d'un diplôme en rédaction de scénarios de films de la Sociedad General de Escritores de México (SOGEM) et d'un diplôme en films documentaires de l'École nationale des métiers de l'image et du son (La Fémis), en France. Il est également certifié dans les trois niveaux du système de la SFM.

Il a travaillé au Mexique comme cinéaste indépendant et a participé à des start-ups de dessins animés avant de s'installer en France, où il travaille comme consultant, coach et formateur spécialisé dans la narration, la réflexion créative et l'intelligence collective.

Antonio est également un orateur public chevronné et membre de Toastmasters International. En 2015, il a été récompensé comme meilleur orateur au concours international de discours du district 59, qui couvre le territoire de l'Europe du Sud-Ouest et a atteint les demi-finales au niveau international.

Il a illustré quinze livres, dont les trois volumes de la série sur la modélisation des facteurs de succès (SFM) de Robert Dilts, et les volumes de la série *Coaching Génératif* de Robert Dilts et Stephen Gilligan.

Il utilise également ses compétences de dessinateur et de formateur pour collaborer à des séminaires, des conférences et des séances de brainstorming en tant qu'animateur graphique et pour produire des vidéos animées comme moyens pour expliquer des connaissances complexes de manière claire et ludique.

Antonio vit à Paris avec sa femme Susanne, sa fille Luz Carmen et ses chats *Ronja* et *Atreju*.

Pour en connaître davantage, veuillez consulter les sites Internet suivants :

www.antoons.net — www.linkedin.com/in/antoniomeza/

Pour communiquer avec Antonio : hola@antoons.net

www.ingramcontent.com/pod-product-compliance
Lightning Source LLC
Chambersburg PA
CBHW072009290426
44109CB00018B/2189